# úr Njáls sögu:

# „með lögum skal land byggja"

aus der Nials Saga:

„mit Gesetzen soll das Land aufgebaut werden"

**Verständnis - Toleranz - Erkenntnis**

Carl Joh. Jac. Keyser

# Über die Isländische Republik und ihren Untergang

aus dem schwedischen Original übersetzt, mit Abbildungen sowie einem umfangreichen Glossarium versehen

und herausgegeben

von **Albert George Viktorsson Trolle**

Iarnwith im Jahr 2021

**Impressum**

Bibliografische Information der Deutschen Nationalbibliothek:
Die Deutsche Nationalbibliothek verzeichnet diese Publikation
in der Deutschen Nationalbibliografie; detaillierte
bibliografische Daten sind im Internet über http://dnb.dnb.de
abrufbar.

© 2021 Albert George Viktorsson Trolle. Iarnwith.

Lektorat: alphagam

Herstellung und Verlag: BoD – Books on Demand,
Norderstedt

ISBN: 978-3-7534-3882-5

## Vorwort.

Als "Janne" Keyser im Jahr 1848 seine Abhandlung, wie er sie selbst nannte, über die Isländische Republik und ihren Untergang schrieb, wogte in den Deutschen Kleinstaaten eine Revolution, um überhaupt erst das zu erreichen, was die Isländer schon im Jahr 930 erlangt hatten, nämlich eine gesamtstaatliche Nationalversammlung.

Aber Keyser beschreibt eben auch, wie solche Privilegien, dass ein Volk (zeitgemäß damals nur die wehrfähigen Männer) selbst über seine Geschicke entscheiden kann, wieder verspielt werden.

Es ging um Eitelkeit, Machtgier und Konzentration von Vermögen. Wenn jeder Einzelne nur eigennützig und selbstsüchtig an sich denkt, dann zerfällt auch die fortschrittlichste Gesellschaftsordnung. Und das macht den Untergang der Isländischen Republik auch heute noch hochaktuell. Wenn Einzelne sich ein System zum eigenen Vorteil zunutze machen, dann wird es für alle gefährlich...

"Demokratie entsteht, wenn man nach Freiheit und Gleichheit aller Bürger strebt und die Zahl der Bürger, nicht aber Ihre Eigenart berücksichtigt."

Aristoteles (384 bis 322 v. Chr.), griechischer Universalgelehrter

Bei der Übersetzung habe ich versucht, mich möglichst eng am Originaltext zu orientieren und wortgetreu zu übersetzen, um die Sprache sowie ihren Charakter und dadurch die Gedankengänge der damaligen Zeit weitestgehend zu erhalten.

Zum besseren Verständnis und weil uns das ein oder andere Wort und die alten Begebenheiten nicht so präsent sind, habe ich ein umfangreiches Glossarium angefügt.

Die Arbeit sei meiner Familie gewidmet und vor allem meiner Frau für ihre unendliche Geduld und ihr Verständnis.

Albert George Viktorsson Trolle,

Iarnwith im Oktober 2021

# Über die Isländische Republik
## und ihren Untergang.

So wie Ingiald Illråda[A] durch den Brand in Uppsala die Absicht hatte, die Macht der Fylkeskönige zu brechen und sich selbst und seine Nachfolger zu alleinherrschenden Königen über das gesamte Reich der Svear zu machen, so arbeitete auch Harald Hårfager[B] etwa ein Jahrhundert später an der Verwirklichung seiner Alleinherrschaft in Norwegen und brach schließlich durch den Sieg am Hafursfjord die Herrschaft der Kleinkönige vollständig. Dass die Veränderung der Verhältnisse, die unter solchen Umständen eintreten sollte, vielen missfiel, und besonders denen, die sich dadurch gedemütigt sahen, sollte nicht verwunderlich erscheinen. Sowohl diejenigen, die in dem König den übermächtigen Sieger hassten, als auch diejenigen, die in ihm den eigenmächtigen Alleinherrscher sahen, ergriffen unverzüglich jede Gelegenheit, sich seinem unterdrückenden Zepter zu entziehen. Eine solche Gelegenheit bot sich auch durch die kürzlich erfolgte Entdeckung Islands. Diese Insel sollte nun die Zuflucht derer sein, die zu Hause ihrer Freiheit und ihrer Rechte beraubt worden waren. Um 860 von Gardar Svafarsson[C] entdeckt, wurde sie später während einer Vorbeifahrt von Naddod und schließlich (868) von Floke besucht, der sich gezielt auf diese Reise begeben hatte. Da er sich dort jedoch angesichts des rauen Klimas (weswegen er die Insel auch Island nannte) nicht wohlfühlte, kehrte er nach einiger Zeit nach Norwegen zurück. Die Existenz Islands war nun, nach so vielen Besuchen dort, über jeden Zweifel erhaben; aber dauerhafte Bewohner bekam es erst im Jahr 874, als zwei Norweger, Ingolf und Leif[D], ihre zweite Reise dorthin machten und sich dort niederließen.

Der Grund für ihre Reise und ihren Umzug war auf individuelle Umstände zurückzuführen. Sie waren Enkel von Mördern, hatten selbst Totschlag begangen und sahen sich als Geächtete gezwungen, ihre Heimat zu verlassen. Dass Geächtete auch bei dem großen Exodus zwischen den Jahren 874 - 934 nicht fehlten, dessen Ausmaß Are Frode[E] bezeugt, wenn er erzählt, dass die Weisen sagten, dass Island nach 60 Wintern voll war, so wie es seither nicht mehr gewesen war[1], ist durchaus wahrscheinlich. Man begeht jedoch einen großen Fehler anzunehmen, dass die Mehrheit dieser Auswanderer Abenteurer und Geächtete waren, denn es ist sicher, dass sie aus den vornehmsten Familien Norwegens stammten und solche waren, die genug Vermögen besaßen, um sich für eine so lange Reise auszurüsten, um Frieden, Komfort und Unabhängigkeit im fernen Island zu suchen.

--- Dies wird auch von Geijer[F] bestätigt, wenn er sagt: "Verschiedene Umstände machten Island zu einem begehrten Zufluchtsort." Er fügte hinzu: "Viele gaben lieber ihr Vaterland auf als sich seinem (Harald Hårfagers) Joch zu unterwerfen, und aus Norwegen fanden große Auswanderungen statt" [2]. Auch in dieser Hinsicht stimmt der ausgezeichnete dänische Historiker Peterson überein, wenn er schreibt:

"Die unmittelbare Ursache der Auswanderung war durch die Eroberungszüge Harald Haarfagers in Norwegen gegeben; er zwang die ehrbarsten Männer, sich zu unterwerfen oder ins Exil zu gehen, bemächtigte sich des gesamten Grundbesitzes, sogar der Seen und Wälder, und machte alle Bauern zu seinen Lehnsleuten." "Das war für viele reiche und mächtige Nordmänner unerhört; sie zogen sich auf die Färöer, die Schären und andere Inseln in der Westsee zurück, plünderten von dort aus im Sommer an den Küsten Norwegens und zogen sich für gewöhnlich nach Island zurück" [3].

Über die Beschaffenheit dieser Insel, die zu einer skandinavischen Neusiedlung wurde, denn auch Schweden und Dänen machten sich auf den Weg zu diesen abgelegenen Ufern [4], haben ihre ersten Besucher, wie bereits erwähnt, recht unterschiedliche Beschreibungen abgegeben.

Von diesen war die mit der Wahrheit übereinstimmende, welche Island als ein Land beschrieb, dessen Oberfläche zum größten Teil mit Schnee und Eis bedeckt war, in dessen Inneren aber ein heftiges vulkanisches Feuer wütete, welches von Zeit zu Zeit die Eis- und Schneedecke durchbrach und die umliegenden Bezirke mit Gestein und Wasser überflutete --- wie als ein Land, in dem es Täler gab, in denen, durch große Wälder vor der Kälte des Meeres geschützt, Gras wachsen und Getreide (wenn auch nicht ausreichend für die Bedürfnisse des Landes) angebaut und geerntet werden konnte --- als ein Land schließlich, das für Vieh und Fischerei sicherlich geeignet war, da das Vieh in der Lage war, sich im

Winter selbst zu ernähren, die Gewässer reich an Lachs und allen Arten von Fischen und die Küsten günstig für den Walfang waren.

Dies in aller Kürze über die Natur Islands, als die skandinavischen Auswanderer es in Besitz nahmen.

Was diese Inbesitznahme selbst und die dabei beobachteten Vorgänge betrifft, so halten wir es für das Beste, auf Petersen und Geijer[5] zu verweisen. Was als nächstes folgte, war die Entstehung des Härad[G]. Dieses entstand um den Anführer herum, der, nachdem er unter seinen Gefährten den zuvor geweihten Boden aufgeteilt hatte, weiterhin wie während der Reise, so auch jetzt an Land, der erste Mann unter den Seinen war. Als solcher war er Hohepriester und Richter auf dem Thing und wurde daher Godordman genannt, oder Redner im Namen der Götter, und die älteste Bezeichnung für einen solchen Bereich war Godord[H]. Als solcher machte er auch Gesetze gemeinsam mit seinem Kreis [aus Gefolgsleuten], der insgesamt als ein kleines Ganzes für sich von anderen Kreisen verschieden und getrennt war.

--- Auf diese Weise entstand eine Reihe von kleinen Gemeinwesen, die voneinander isoliert waren und keinen Zusammenhang miteinander hatten[6]. Es war natürlich, dass unter solchen Bedingungen Situationen entstanden, in denen Fragen von öffentlichem Interesse aufgeworfen wurden, durch die die Notwendigkeit eines Bindegliedes, das all diese einzelnen Glieder zu einer zusammenhängenden Kette vereinte, erkannt und ein solches Glied vermisst wurde. Nicht minder natürlich war es, dass zwischen den

Häuptlingen selbst, als den Verteidigern ihrer eigenen Kreise [ / Gefolgschaften, Anm. d. Hrsg.], Streit entstand aus dem Wunsch des einen, in die Rechte des Nachbarn einzugreifen oder sie zu beeinträchtigen, oder auch aus dem Umstand, dass man sich selbst durch die Rechte des anderen im Nachteil sah.

Zudem gab es, da es kein gemeinsames Recht gab, kein Hindernis dafür, dass sich diese Höflinge jedes beliebige Unrecht gegeneinander erlaubten. All dies, das eine mit dem anderen, machte, dass man die Notwendigkeit und den Nutzen davon einsah, auf Anregung des alten und weisen Ulfliot[I], eine für alle Godords des Landes gemeinsame Generalversammlung und ein oberstes Gericht einzurichten, das jährlich abgehalten werden sollte, und das Althing[J] genannt wurde. --- Dieses geschah im Jahr 928. --- Dieses Althing sollte die oberste Instanz sein, an die Fälle aus Gerichtsstätten der Godords zur endgültigen Entscheidung verwiesen werden sollten; und in dieser Hinsicht war es ein Obergericht [Berufungsgericht]. Außerdem sollten dort allgemeine Angelegenheiten besprochen und entschieden werden, und Gesetze für das ganze Land sollten dort mit Zustimmung des ganzen Volkes verabschiedet und öffentlich verkündet werden; und in dieser Hinsicht war das Althing eine gemeinsame Generalversammlung. --- Vorsitzender war der "Lagman"[K]. Er war der höchste weltliche Beamte auf der Insel, und sein Amt dauerte anfangs so lange wie seine Lebenszeit. Später wurde das Amt auf eine "behagliche" Zeit reduziert, d.h. sie dauerte so lange, wie die Häuptlinge und das Volk mit ihm zufrieden waren. Drei Jahre scheinen jedoch die übliche Amtszeit gewesen zu sein[7]. --- So waren die einzelnen Teile Islands zu einem Ganzen vereint worden; aber die ergriffenen Maßnahmen und Schritte reichten nicht aus, um die von ihnen beabsichtigten Wirkungen vollständig zu erzielen. Noch verblieben die vielen Häuptlinge mit gleicher Würde, aber mit unterschiedlicher Stärke und Geisteshaltung, jetzt nicht mehr an das Gesetz gebunden als vorher. Nichts war also natürlicher, als dass alle Streitigkeiten untereinander weitergehen sollten, solange die Rechte des Schwächeren nicht gegen die Übergriffe des Stärkeren gesichert waren.

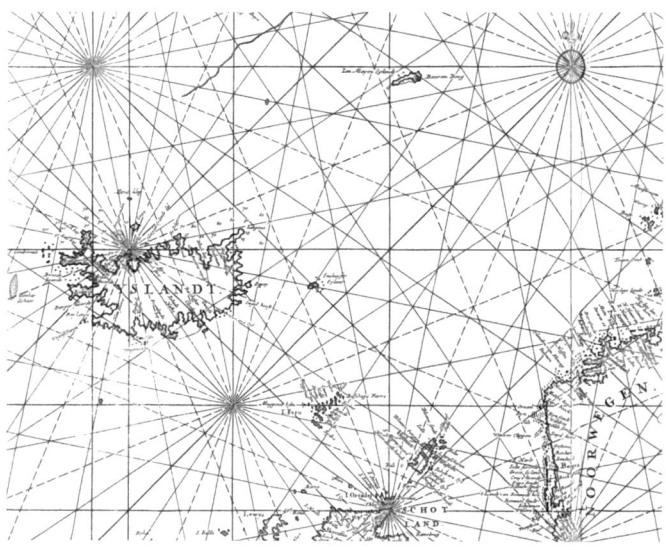

Auszug aus: Keulen, Johannes van, „De Zee Custen van Noorwegen, Finmarcken, Laplant, Ruslant, Spitzbergen en Yslandt", Amsterdam 1681; Det Kgl. Bibliotek, kbk_2_45_01_028, 2021-10-12

Auf das so von inneren Uneinigkeiten und Konflikten zerrissene Island richtete Norwegen inzwischen unablässig seinen lüsternen Blick. Auch Einigungsversuche wurden nicht außer Acht gelassen, wenn auch mit unterschiedlichem Erfolg. Auch aus diesem Grund griff Olof Tryggvason[L] zu einem Mittel, das vielleicht erfolgreich gewesen wäre, wenn er die Ausführung seines Plans klügeren und weniger wilden und ungestümen Männern überlassen hätte. Der Zweck der Absichten dieses Königs auf Island war in der Tat, durch die Einführung des Christentums dort das Gemüt zu erweichen, die ganze Insel in engeren Kontakt mit dem Mutterland zu bringen und sie schließlich wieder unter seine Herrschaft zu bringen und dadurch sowohl den rebellischen Untertanen einen geeigneten und sicheren Zufluchtsort vor seinem strafenden Arm zu nehmen als auch die Küsten Norwegens von den jährlichen Plünderungen zu befreien, die nicht weniger durch die Not als durch die Lust verursacht wurden. --- Dass hier, wie auch in der Frömmigkeit und im Christentum, die wahre Ursache für den Eifer und die Beharrlichkeit zu suchen ist, mit der er diese Sache in Angriff nahm und durchführte, steht wohl außer allem Zweifel. --- --- Nun, es hatte immer eine Gemeinschaft zwischen Island und Norwegen gegeben, deren Grund in der mangelnden Fähigkeit des ersteren zu suchen war, wegen der Knappheit der Natur und der Strenge des Klimas einen isolierten Staat zu bilden; aber diese Gemeinschaft fester zu machen, ihren Fortbestand zu sichern, war es, was Olof Tryggvason durch die Einführung des Christentums bewirken wollte. — Zu diesem Zweck schickte er im Jahr 996 Stefner Thorgilson[M]. Der Grund für das Scheitern dieses ersten Versuchs mag sowohl die Scharfsichtigkeit der Isländer gewesen sein, die Olofs Plan durchschauten, als auch

Stefners gewaltsames Vorgehen, das ihn schließlich auch zur Rückkehr zwang[8]. Unbeeindruckt von einem solchen Beginn schickte König Olof jedoch schon im nächsten Jahr (997) einen neuen Apostel nach Island. Dies war Thangbrand[N], von dem in der Geschichte gesagt wird, dass er ein großer Kämpfer, aber zugleich ein guter Schreiber und ein standhafter Mann war[9]. Aber auch er tat wenig, oder zumindest nicht annähernd so viel, wie er hätte tun können, hätte er nicht zu seinen anderen Qualitäten die eines großen Kämpfers beigetragen[10]. Schließlich (1000) gelang es Olof, nach zwei gescheiterten Versuchen, durch zwei, von Thangbrand getaufte, Isländer, Gissur den Weissen[O] und Hjalte Skeggeson, das Christentum auf dem Althing annehmen zu lassen[11].

Was die Lebensweise und den Umgang der Isländer miteinander betrifft, so haben wir gedacht, dass das klarste und deutlichste Bild davon in den Erzählungen zweier hervorragender Männer zu finden ist, die so miteinander verbunden sind, dass die eine nicht erzählt werden kann, ohne gleichzeitig den größeren Teil der anderen zu erzählen. — Wir meinen die Erzählungen über Gunnar und Nial[P]. Der Hauptgrund, warum wir im Folgenden etwas über den Letzteren zitieren, ist, um Informationen über den Ursprung des Femtardoms, des Fünferurteils, zu erhalten. Wir gehen nun zur Darstellung einiger Ereignisse aus diesen Erzählungen über und haben uns dabei an die von Petersen in seinem Werk (Danmarks Historie i Hedenold[12]) gegebene und von uns oft zitierte Darstellung gehalten.

Gunnar Hamundson, der von Baug stammte, wohnte in Hlidarende (at Hlidarenda) in Fliothshlid[Q]; sein Bruder hieß Kolskägg. Gunnar war ein großer und starker Mann, der mit seiner linken und rechten Hand gleichermaßen gut hacken und Speere werfen konnte. Er schwang sein Schwert so, dass es in der Luft verdreifacht erschien; er schwamm wie ein Seehund und war der beste Bogenschütze im Land. Als Unnas (die Frau von Rut, ein Enkel von Thorsten Röde) Verwandter und Freund wurde er von ihr gebeten, ihre Heiratsrechte von Rut einzufordern. Gunnar sagte, dass dies eine ziemlich schwierige Angelegenheit sei, und bat sie zu bedenken, dass ihr Vater, der ein Mann des Gesetzes war, nichts tun konnte, und er, der wenig über solche Dinge wusste, noch weniger Aussicht auf Erfolg hatte. In der Zwischenzeit beschloss er sich an den gesetzeskundigsten Mann des Landes, Nial, zu wenden, der zu dieser Zeit in Bergthorshvol[R] lebte. An ihn wandten sich alle in solcher Not, und er half allen, soweit es nicht der Rechtmäßigkeit widersprach. Obwohl Nial die Angelegenheit für ziemlich schwierig hielt und dies auch Gunnar mitteilte, versprach er, ihm den besten Rat zu geben, den er geben konnte. Dann, nachdem er eine Weile geschwiegen hatte, sagte er: "Ich habe darüber nachgedacht und es wird wohl werden; du sollst gleich morgen mit zwei anderen von zuhause losreiten. Über deine gute Kleidung sollst du einen groben, rotbraunen Mantel tragen und darüber einen Regenmantel ziehen. Jeder von euch soll zwei Pferde haben, ein fettes und ein mageres, und ihr sollt alle Arten von Schmiedearbeiten mit euch führen. Wenn du das Moor durchquert hast, sollst du deinen Hut tief über die Ohren ziehen und wenn jemand fragt, wer du bist, sollen deine Gefährten antworten, dass du der berühmte Köphedin (Kaupa-Hedinn) aus Öfjord bist, der mit Schmiedewaren umherreist. Jener ist ein jähzorniger Mann, der meint, alles zu verstehen, und auf Menschen losstürmt, wenn sie nicht tun, was er will. Du reitest dann nach Borgfjord und bietest deine Waren überall zum Kauf an und verdaddelst Zeit. Dann reite nach Norderådal, Rutfjord und Laxådal bis nach Höskuldstad. Dort musst du über Nacht bleiben. Am nächsten Morgen begibst du dich zum nächstliegenden Bauernhof in der Nähe von Rutstad, bietest deine Sachen an, nimmst das Schlechteste heraus und versuchst, die Mängel zu verbergen. Der Bauer wird die Ware jedoch genau untersuchen und den Mangel feststellen. Da sollst du böse werden und es ihm wegreißen und ihn mit Vorwürfen überschütten. Er erwidert, dass es gar nicht zu erwarten war, dass du ihn gut behandelst, da du gegenüber allen garstig bist. Dann stürzt du dich auf ihn (auch wenn dir diese Vorgehensweise ungewohnt ist), aber pass auf, dass du nicht durch Gebrauch all deiner Kraft verrätst, wer du bist. Nun werden Boten zu Rut geschickt, um ihn zu bitten zu kommen und euch zu trennen. Er wird sich sofort einfinden und dich bitten, zu ihm zu kommen. Du nimmst die Einladung an und setzt dich auf die untere Bank direkt gegenüber dem Hohen Stuhl, egal welchen Platz er dir anweisen wird. Auf seine Frage, ob du aus Nordland kommst, antwortest du, dass du aus Öfjord kommst." --- So fuhr Nial fort einige Fragen zu beantworten, die Rut stellen würde, und gab Gunnar Anweisungen, wie er antworten sollte. Schließlich, so sagte er, würde sich die Rede auch an Mörd wenden und auf Ruts Frage, ob Gunnar gehört habe, was zwischen ihnen vorgefallen sei, würde er antworten: Ja, er hat dich von deiner Frau getrennt, ohne dass du es verhindern konntest. Wenn Rut im weiteren Verlauf des Gesprächs behauptete, Mörd hätte ihn verklagen sollen, sollte Gunnar fragen, wie er hätte vorgehen sollen, und nachdem Rut (der keinen Verdacht gegen die Person hatte, mit der er sprach) die Klage bestätigt hätte, sollte Gunnar dieselbe wiederholen. Dann könnte er seines Weges gehen, denn das Schwerste hätte sich für ihn erledigt: Ruts Klage so, dass er sie selbst hörte, und zwar in seinem rechtmäßigen Zuhause. Damit beendete Nial seinen Rat und fügte hinzu: Zum Sommer sollten wir uns zum Thing begeben, und dann werden wir sehen, was wir tun können. Alles, was Nial vorausgesagt hatte, geschah. Alles, was er ihm geheißen hatte, führte Gunnar aus, und so wurde Rut verklagt. So kam die Angelegenheit nun vor das Althing, und Rut, der von Gunnar aufgefordert wurde, sich zu verteidigen, wurde schließlich aufgefordert, sich auf der Insel Öxerå (Öxara) einem Zweikampf [zu einem Holmgang, Anm. d. Hrsg.] zu stellen  oder im anderen Fall Unnas Heiratsrecht zu akzeptieren. Das Geld wurde dann bezahlt, denn Gunnar war Rut weit überlegen.

Das Jahr 984[S] war ein hartes Jahr. Gunnar litt unter einem Mangel an Heu und Lebensmitteln. Da ritt er zu Otkel in Kyrkeby und bat ihn, ihm etwas abzugeben, aber dieser wollte nicht, obwohl er die Möglichkeiť dazu hatte. Darüber kam man bei Nials ins Gespräch, und alle erklärten es zu einer Schande für Otkel. Was gibt es da groß zu reden, sagte Bergthora, die Frau von Nial, zu ihrem Mann? Es ist viel besser, dass du ihm Lebensmittel und Heu gibst, da du ja reichlich davon hast. — Nial tat dies. Gunnars Frau, Halgerde, beachtete dieses Wohlwollen und diese Hilfsbereitschaft kaum, sprach aber oft von Otkels Ablehnung. Während Gunnar auf dem Thing war, schickte sie einen Thrall[T] [einen Sklaven], den ihr Mann von Otkel gekauft hatte, nach Kyrkeby, um Käse und Butter zu stehlen und dann das besuchte Haus in Brand zu setzen. Auf dem Rückweg, nach dem erfolgreich erledigten Auftrag, vergaß er sein Messer und seinen Gürtel, nachdem er seinen Schuhriemen repariert hatte. Diese Dinge wurden von einem feigen Schuft, Skamkel auf Hof, einem Freund von Otkel, gefunden, der sich nun an Mörd Valgardson auf Hof in Rangevall (Rangarvalli) um Rat wandte. Um Beweise gegen Gunnars Frau zu erhalten, schickte der gerissene Mörd Bettler durch die Gegend und ließ sich alles bringen, was sie erbettelt hatten. So kam es, dass sie in Hlidarende einen Käse erhalten hatten, der in Otkels Käseform passte. — Da Gunnar in der Zwischenzeit nach Hause gekommen war und Halgerde ihm Butter und Käse aufdeckte, — Dinge, von denen er sicher wusste, dass sie solche nicht im Haus hatten, — ahnte er sofort, was geschehen war. Aus diesem Anlaß entbrannte ein Zank zwischen ihm und ihr, der so heftig war, daß er ihr eine Ohrfeige gab. Dann ritt er zu Otkel und bot ihm eine Geldbuße an. Aber Skamkel überredete Otkel, dieses Angebot abzulehnen, indem er zusagte den Rat von Gissur dem Weissen und Geir dem Guten[U] einzuholen. Er ging auch hin und kehrte mit der lügnerischen Nachricht zurück, dass sie die Klage gegen Gunnar bestätigt hätten. So kam die Sache vor das Althing, und auf Gunnars Seite waren Höskuld, Rut und Nial. Der letztere riet, dass Gunnar Gissur den Weißen und Schwarzbart Geir den Guten zu einem

Zweikampf herausfordern sollte. Da fragte Gissur, wer zur Klage gegen Gunnar geraten hatte. Darauf antwortete Otkel: das war ja Dein Rat und der von Geir. Wer lügt denn so, fragte Gissur? Skamkel brachte mir diese Nachricht, fuhr Otkel fort. Der Schuft, sagte Gissur — wo ist er? Er liegt krank zu Hause, antwortete Otkel — und so lag er während der ganzen Thingsitzung zuhause. Gissur überließ Gunnar selbst das Urteil, und so wurde die Angelegenheit zur Ehre und zum Vorteil des letzteren beendet.

Während im darauffolgenden Jahr Otkel zu einem Fest zu Runolf, dem Goden auf Dal reiten wollte, ging sein Pferd mit ihm durch. Gunnar, der in aller Ruhe sein Feld säte, als sein Feind an ihm vorbeizog, wurde von seinem Reitsporn am Ohr verwundet. Als dieser Vorfall dann auf dem Fest zur Sprache kam, sagte Skamkel, dass, wenn Gunnar ein einfacher Mann gewesen wäre, er zugegeben hätte, dass er geweint hätte. Diese Äußerung wurde Gunnar von einem Schafhirten zugetragen, der sich sehr darüber aufregte. Er ergriff seine Waffen und tötete, zugleich mit dessen Bruder Schwarzbart, Otkel und weitere sieben Männer bei Rangå[V] (Ranga), als sie auf dem Heimweg waren. Für den Mord an Otkel und seinen Gefährten wurde Geir der Gode zum Ankläger. Die Angelegenheit kam vor das Althing, aber Gunnar wies sie zurück; denn unter den Gefallenen war ein Norweger, und Geir der Gode hatte einen Fehler begangen aus dessen Totschlag eine Klage zu machen, denn der Norweger hatten keinen [berechtigten] Ankläger im Lande. Die Sache wurde mit einer Geldbuße verglichen. Kurz darauf kam es zu einer Auseinandersetzung zwischen Gunnar und den Söhnen von Starkotters auf dem Dreihorn. Gunnar und sein Bruder wurden bei Knafahole (Knafaholi) überfallen und verteidigten sich gegen achtzehn Männer, von denen vierzehn fielen. In der Zwischenzeit hatte sich eine Gruppe von Gunnars Feinden bei Rangå in einem Hinterhalt versteckt, und unter ihnen war auch Otkels Sohn Thorgeir. Letzterer wurde von Gunnar getötet und die anderen flohen. Gissur der Weiße wurde Ankläger. Er verlangte, dass Gunnar in den Wald verurteilt werden sollte[13], aber durch Nials Bemühungen wurde die Angelegenheit zwölf Männern zur Entscheidung überlassen. Diese verurteilten Gunnar und Schwarzbart zu Geldbußen und zu einer dreijährigen Auslandsreise. Nial tröstete Gunnar, der mit diesem Ergebnis unglücklich war, und wiederspiegelte ihm den Ruhm, den er auch im Ausland erwerben könnte. Die Brüder bekamen sofort einen Platz auf einem Schiff. Ihre Sachen wurden an Bord gebracht. Die Abschiednahme fand in Bergthorshvol und von anderen Freunden und Bekannten statt. Schon war Gunnar auf dem Weg hinunter zum Strand, um an Bord zu gehen. Aber beim Rückblick auf seinen Hof, seine Felder und Wiesen, erschien ihm in diesem Moment alles so außerordentlich schön und zurückhaltend, dass es ihm unmöglich schien, davon getrennt zu leben. Er beschloss daher, zu Hause zu bleiben. Vergeblich bat und beschwor ihn Schwarzbart, seinen Feinden diese Freude nicht zu bereiten. — Er musste schließlich alleine reisen (992). In der Zwischenzeit war Gunnar ein Geächteter, und als solcher wurde er von Gissur im folgenden Sommer auf dem Althing deklariert und erklärt. Auf dem gleichen Thing beschlossen die Feinde auch seinen Tod. Es dauerte auch nicht lange, bis sie sich versammelten und sich auf den Weg nach Hlidarende begaben. Sie zwangen den nächstgelegenen Bauern, Gunnars Hund Sam vom Hof zu locken und töteten ihn. Gunnar, der durch das Hören des Todesgeheuls erwachte, ahnte sofort Unheil und sagte: Böse hat man dir mitgespielt, armer Sam, mein treuer Diener, und die Zeit zwischen deinem Tod und meinem wird wohl nur kurz sein. So kam es auch. — Seine Feinde griffen das Haus an, und Gunnar verteidigte sich tapfer, schlug sie dreimal zurück, bis einer nach vorne rannte und seine Bogensehne durchschlug. Da rief er zu Halgerde: Gib mir zwei Locken von deinem Haar, und du und meine Mutter flechtet mir daraus eine Sehne für den Bogen! Ist es wichtig für Dich? fragte Halgerde. Es gilt mein Leben, antwortete Gunnar. Dann möchte ich dich an die Ohrfeige erinnern, die du mir gegeben hast, sagte sie. Jeder und jede hat einen eigenen Weg, sich einen Namen zu machen, antwortete Gunnar, und ich will dich nicht lange darum bitten. Da sprach Ranveig, Gunnars Mutter, du tust Unrecht, und lange soll deine Schande überdauern. Gunnar verteidigte sich jedoch weiter, bis ihn seine Kräfte im Stich ließen, und fiel schließlich, nachdem er zwei Männer getötet und 16 fast tödlich verwundet hatte.

Man konnte keine Sache aus Gunnars Totschlag machen, weil er als geächteter Mann gefallen war. Aber er konnte gerächt werden. In diesem Sinne begab sich Skarphedin, einer der Söhne von Nial, zu Gunnars Sohn Hogne und versprach ihm seinen Beistand. Hogne stand deshalb des Nachts auf und nahm die Axt seines Vaters herunter. Ranveig erwachte daraufhin, fuhr verärgert hoch und fragte: Wer rührt die Axt an, die ich allen verboten habe zu nehmen? Hogne antwortete: Ich will sie meinem Vater geben, damit er sie beim Thing in Vallhall tragen kann. Trage sie zuerst selbst, sagte die Großmutter, und räche deinen Vater! Hogne tat dies, und so wurde Gunnar gerächt.

Bei der Beschreibung von Gunnars Schicksal hatten wir Gelegenheit, den Mann zu erwähnen, der jetzt das spezielle Objekt unserer Aufmerksamkeit ist. Wir haben ihn bereits als den weisesten Mann Islands kennengelernt, sowohl als integren Mann als auch als Bürger, der allgemeines Vertrauen genießt. Dieser Mann war Nial. Den eigentlichen Grund, warum wir uns nun speziell seiner Geschichte zuwenden, haben wir bereits erwähnt: dass wir daraus lernen können, wie eine höchst wichtige Institution entstanden ist, nämlich das Fünfergericht[W] bzw. Fünftgericht. Aus seiner Geschichte entnehmen wir also Folgendes: [14]

Nials Söhne waren auf einer Auslandsreise in Konflikt mit einem Verwandten des erwähnten Gunnar namens Thraen Sigfusson geraten, der auf dem Hof Grjotå in Fliothshlid lebte. Der war nämlich einmal dabei gewesen, als ein schändliches Schmählied über Nial und seine Söhne erdichtet wurde, weshalb sie ihn von da an nicht mehr mit Wohlwollen betrachten konnten. — Der Streit ging nach der Rückkehr weiter, und als einmal Nials Söhne nach Thraen kamen, um eine Entschädigung zu fordern, hörten sie, wie Halgerde (der dort mit seinem Sohn lebte) in ihrer Gegenwart und der vieler Männer die beleidigenden Worte des Liedes wiederholte. Obwohl sich Thraen selbst keine beleidigende Äußerung erlaubt hatte, sollte er doch für das verantwortlich sein, was in seinem Haus geschah. So kam es zu einer offenen Fehde zwischen Thraen und den Söhnen von Nial, von denen Skarphedin bei Rangå Thraen mit seiner Axt den Kopf enzwei schlug. Nial bezahlte eine Geldbuße für den Totschlag, und um die begangene Gewalt noch mehr zu sühnen, nahm er Thraens Sohn Höskuld mit zu sich nach Hause und behandelte ihn genau wie einen eigenen Sohn. Als dieser ein Mann geworden war, wollte Nial ihm sogar eine gute Heirat ermöglichen. Er wandte sich in dieser Absicht an Flose auf Svinefjäll, einen der mächtigsten Häuptlinge des Ortes und Onkel von Hildigunn, der von Nial ausersehenen Frau für Höskuld. Flose hatte nichts dagegen, Hildigunn auch nicht, nur dass sie Höskuld als einen allzu unbedeutenden Mann ansah, da er weder Godord noch irgendein Häuptlingsterritorium besaß. Nial verpflichtete sich daraufhin auf 3 Jahre, in denen auch Hildigunn sich an niemanden andern verloben sollte. Während dieser Zeit versuchte Nial auf jede erdenkliche Weise, seinem Ziehsohn Höskuld ein Häuptlingstum zu verschaffen, jedoch mit wenig Erfolg. Schließlich kam das Althing im Sommer 1003. Dort wurde diese wichtige Angelegenheit auf den Weg gebracht, und wie gewöhnlich wollte man Rat von Nial erhalten. Aber wie auch immer er es drehte und wendete, es wollte ihm nicht gelingen, das durchzusetzen, was er sich wünschte. Im folgenden Jahr lief es kaum besser. Daher rieten viele dazu, das Gesetz aufzugeben und stattdessen das Vertrauen in Spitze und Schneide [als Synonyme für Speer und Schwert] zu setzen. Weg damit, sagte Nial; es nützt uns wenig, eine gesetzlose Gesellschaft zu haben, aber uns, die wir das Gesetz kennen, obliegt es, den Frieden zu wahren. Lassen Sie uns deshalb die Häuptlinge zusammenrufen und miteinander beratschlagen. Sie gingen zum Gericht [15], und Nial sagte: Dir, Skapte Thorodson, und Euch übrigen Häuptlinge gegenüber möchte ich hervorheben, ob es nicht schlecht bestellt ist mit unserem Rechtswesen, wenn wir demnächst unsere Sachverhalte vor das Vierteilsgericht ziehen, wobei diese dann oft so verwickelt werden, dass ein Ende nur noch schwer zu finden ist. Es scheint mir daher sinnvoll und notwendig, dass wir ein Fünftgericht (Fimtardómr) einrichten sollten, vor dem diejenigen Dinge zu entscheiden sind, die nicht vor den Vierteilsgerichten geregelt werden können. Außerdem machte er Vorschläge, wie dieses Fünftgericht organisiert werden sollte. Einige bestimmte Männer eines jeden Vierteils sollten neue Godords bilden, und wer wollte, war frei, sich ihnen zu unterstellen. Dieses Fünftgericht wurde von der Gesetzgebung angenommen, und gleich darauf wurden neue Godords eingerichtet, als Nial darum bat, dass sich ein solches auf Hvitanäs für Höskuld bilden dürfe. Diesem wurde stattgegeben und Höskuld wurde somit zum Godordsmann. Seiner Vereinigung mit Hildigunn stand nun nichts mehr im Wege, und so wurde auch die Hochzeit in Flose abgehalten.

aus: Verlag des Geograph. Instituts, „Charte von Island und den Fäöer-Inseln", Weimar 1681; Det Kgl. Bibliotek, KBK 1115-0-1807/1, 2021-10-12

So viel aus der Nials Saga, um Kenntnis über den Ursprung des Fünftgerichts zu erhalten. Wir fügen nur das Folgende hinzu, teils um das Bild der Zeit zu vervollständigen, teils auch um über das weitere Schicksal dieses bedeutenden Mannes nicht in Unkenntnis zu verbleiben. Durch den Beschluss, dass neue Godords eingerichtet werden sollten, und die Erlaubnis, dass jeder, der wollte, sich zu ihnen rechnen konnte, hatte Mörd auf Hof seine Thingmänner verloren, die sich stattdessen Höskuld anschlossen. Als nun Mörds Vater von einer Reise zurückkehrte, wunderte er sich über diese Veränderungen, und als sein Sohn ihm erzählte, was in seiner Abwesenheit geschehen war, drängte er ihn, Rache zu nehmen, und gab diesen Rat als seinen letzten Willen bei seinem Tod: Uneinigkeit zwischen Höskuld und den Söhnen von Nial zu stiften. Dies gelang Mörd vortrefflich, und die Sache wurde so beendet, dass Höskuld von Nials Söhnen überfallen und getötet wurde. Diese Gewalttat hatte zur Folge, dass Nial und die Mörder von Flose vor dem Allthing verklagt wurden, wozu er von Hildigunn, die ihm den blutigen Mantel von Höskuld übergeworfen hatte, aufgefordert wurde, ihn mit der Kraft Christi beschwörend und all seiner eigenen Männlichkeit und Tapferkeit den Toten zu rächen oder jedermann als Unhold zu gelten. — Endlich einigte man sich auf eine Geldbuße; als aber Uneinigkeit über deren Annahme entstand, trat Flose das Geld zuletzt beiseite und sagte, er wolle nichts davon nehmen, auch nicht das Geringste, sondern entweder solle Hoskuld unglücklich liegen oder sein Tod gerächt werden. Es dauerte auch nicht lange, bis dies geschah. Flose und seine Gefolgsleute sammelten sich und zogen nach

Bergthorshvol, wo sie Nial, Bergthora und ihre Söhne im Haus verbrannten.

Aus dem oben von uns Gesagten ist ersichtlich, dass es zwar Gesetze und ein Rechtssystem gab, aber Selbstjustiz immer noch existierte und das Mittel war, mit dem die geschädigte Partei bevorzugt Wiedergutmachung verlangte. Wir erfahren weiter, wie ein verbrecherischer Ruhestörer vor dem Althing angeklagt wurde, aber auch, dass die Verbrechen meist mit Geldbußen oder Verbannung gesühnt wurden, dass aber für ein Leben ein anderes Leben nicht anders gefordert wurde als durch einen Holmgang [Duell]. Nicht minder zeigt sich uns, wie man, gleichsam Mörd in Nials Erzählung, es nicht unter seiner Würde befand, zulasten des Verlustes Einzelner Mithelfer als Beistand fälschlich anzustiften, um bei der Wiedererlangung von Verlorenem zu helfen. Nichts war daher natürlicher, als diejenigen zu Bundesgenossen zu erwählen, die die größte Fähigkeit hatten, zu helfen, und dass man, weil Patriotismus und Eigennutz Hand in Hand gingen, nicht zögern würde zu erwägen, solche Verbündeten auch außerhalb des Vaterlandes zu suchen. Es sollte ebenso wenig überraschen, dass in einem solchen Fall der erste und nächstgelegene Anlaufhafen Norwegen war, zu dem man die engste Verbindung hatte, teils durch Blutbande, teils durch die Deckung der Bedürfnisse. Rechnet man hinzu, dass Norwegens Könige[16], wenn die Umstände es zuließen, kein Mittel vernachlässigten, durch welches sie Island in Abhängigkeit von sich bringen konnten — unter denen diese zu den hervorstechenden gehörten: Uneinigkeit zwischen den Isländern zu stiften, um durch die Unterstützung der

Parteien eine Gelegenheit zu erhalten, sich in ihre Angelegenheiten einzumischen und mit allen Mitteln der Verlockung ergebene Anhänger für sich zu gewinnen, die einen zukünftigen Vorteil darin sehen würden, sie bei ihren Plänen, die Insel unter ihre Herrschaft zu bringen, zu unterstützen. — Tut man dieses hinzu, dann muss man nicht mit ungewöhnlicher Weitsicht ausgestattet sein, um vorauszusehen, dass nicht mehr viele Jahrhunderte verbleiben würden, bis eine Selbstständigkeit untergehen würde, die sich durch egoistische und kleinliche Selbstsucht unwürdig gemacht hatte, weiter zu bestehen. Es ist jedoch wahrscheinlich, dass gerade der Umstand, dass Island eine republikanische Verfassung hatte, den Verlust der Freiheit beschleunigte. Die gleichen Verhältnisse herrschen nämlich überall und immer. In dem Maße, wie die Freiheit groß ist, in demselben Maße ist auch die Verpflichtung und Verantwortung, sich ihrer nicht unwürdig zu erweisen, größer. Solange der Geist in einem Volke so beschaffen ist, daß er stets für das Gemeinwohl jeden individuellen Vorteil opfert, solange es großmütig genug ist, die wahren Vorteile und Gewinne von den Gewinnen des Augenblicks und den Vorteilen des Tages zu unterscheiden, mit einem Wort, solange es Uneigennützigkeit im Denken, Reinheit der Sitten, Würde des Handelns gibt, — so lange kann sich auch eine republikanische Verfassung halten. Aber ist das Verhältnis umgekehrt, — dann hat ein Volk seine Freiheit verwirkt.

So nähern wir uns dem Zeitpunkt, an dem die Sonne der Freiheit für Island untergehen sollte. Wir haben die Veränderungen im Charakter und in den Verhältnissen der Isländer angedeutet, die sich nach und nach entwickelt haben. Jetzt, während der letzten Zeit, hatte die bürgerliche Zwietracht ihren Höhepunkt erreicht. Der Reichtum hatte sich bei gewissen Männern angehäuft, die sich nicht damit begnügten, Häuptlinge über die Härads- und Vierteilsmänner, die sich ihnen angeschlossen hatten, zu sein, sondern sich reelle, eingeschworene Gefolge verschafften, die ihrem Willen Nachdruck verleihen und ihre Befehle ausführen sollten. Dass daraus eine endlose Kette von Bürgerkriegen entstehen sollte, ist in der Tat nichts weniger als unerwartet. — Inwieweit Norwegen in dieser Hinsicht völlige Neutralität bewahrte, können wir am besten aus der Sturlunga Saga[X] erfahren, von der wir hier den Hauptteil zitieren müssen, sowohl um das Leben und den Charakter von Snorre Sturleson[Y] kennenzulernen, als auch wegen seiner Fähigkeit, die inneren und äußeren Verhältnisse Islands zu dieser Zeit oder am Ende der Republik zu beleuchten[17].

Snorre Sturleson wurde im Jahr 1178 auf dem Hof Hwam im westlichen Viertel geboren. Seine Eltern waren Sturle Thordson (gewöhnlicherweise Hwam-Sturla gerufen) und Gudny Bodvarsdotter; beide von recht vornehmer Geburt und von den nordischen Königshäusern abstammend. Bereits im Alter von drei Jahren trat er in das Haus des gelehrten Johan Loptson[18, Z] ein, wo er auch bis zu seinem 16. Lebensjahr blieb und sich recht gute Kenntnisse aneignete, von denen er später bei der Abfassung der von ihm veröffentlichten Werke sehr profitierte. — Als jüngster von drei Brüdern hatte er ein eher bescheidenes Erbe erhalten, während seine Brüder,

Sighvat und Thord, zu mächtigen Goden geworden waren. Doch was ihm der Tod seines Vaters nicht verschafft hatte, erlangte er durch seine Heirat mit Herdis, der Tochter des reichen Priesters Berse vom Borg-Hof[AA], denn mit ihr erwarb er ein recht beträchtliches Vermögen. Gierig nach Gütern und Geld, wie der Vater seines Großvaters, der berühmte Gode Snorre, eignete er sich einen Hof nach dem anderen an. Sein Vermögen wuchs im Laufe der Zeit so stark an, dass er als der mächtigste Mann auf Island angesehen wurde, mit Ausnahme von John Loptsons Sohn Sæmund Johnson. So ausgestattet mit Bildung und Reichtum, dauerte es nicht lange, bis ihm auch die Würde eines Lagmans ein entsprechendes Ansehen einbrachte. Im Jahr 1213 wurde er zum Lagman über ganz Island gewählt, war aber weiterhin Gode oder Häuptling für wichtige Bezirke. Schon hatte er seine Karriere als Verfasser begonnen und durch ein Lied zu Ehren des Jarls[BB] Håkan Galin[CC] Ruhm und wertvolle Geschenke des Grafen erlangt, der ihn sogar nach Norwegen einlud. Er reiste auch dorthin, aber nicht vor 1218, weil der Tod des Jarls und andere Umstände ihn zwangen, dies zu verschieben. Nach seiner Ankunft in Norwegen gewann er bald das Vertrauen und die Freundschaft von Skule Jarl[DD] und dem jungen Håkan Håkansson[EE]. Dann unternahm er eine Reise nach Schweden, um die Witwe von Håkan Galin zu besuchen, die in zweiter Ehe mit Eskil, dem Lagman von Vestergöthland, verheiratet war. Und die Sage weiß zu berichten, dass er für ein Werk von Skaldendichtung zu ihren Ehren mit dem Banner beschenkt wurde, das Knut Ericson in der Schlacht von Gestilren[FF] im Krieg gegen König Swerker führte. Bei seiner Rückkehr von

Vestergöthland nach Norwegen fand er die Zeiten ganz anders und ungünstig, denn Skule Jarl war im Begriff, das Unrecht einiger Isländer an ein paar norwegischen Kaufleuten[19] zu rächen, und rüstete zu diesem Zweck eine Flotte aus. Diesen Plan vermochte Snorre dem Jarl auszureden und er konnte die drohende Gefahr in einen Strom von Vorteilen verwandeln, indem er versicherte, dass Geschenke und Ehrungen viel leichter als Gewalt die Isländer zur Untertänigkeit bringen würden. Mit dem Rang eines Länsmans[GG] kehrte Snorre Sturleson nach Hause zurück, nachdem er sowohl die Wiedergutmachung für die Geschädigten als auch die Unterstützung des Königs bei der Durchführung seiner Pläne gelobt hatte. Dass dieses spätere Versprechen tatsächlich gegeben worden war, glaubte man annehmen zu dürfen, da er nach seiner Rückkehr bereits 1220 seinen Sohn nach Norwegen hinüberschickte. Denn man sah ja darin (sagte man) deutlich, dass der Sohn das Unterpfand für die Treue des Vaters werden sollte. — Aber als Grund, warum dieses Versprechen nicht erfüllt wurde, ist man vielleicht unsicher, ob man mangelndes Können oder mangelnden Willen anführen soll. Denn, auf der einen Seite, wenn er sein Vaterland unter Norwegen hätte bringen wollen, so hätte sich wohl aus den Unruhen und Streitigkeiten, in die er verwickelt wurde, ein mächtiges Hindernis für die Durchführung ergeben. Aber, auf der anderen Seite, steht es uns auch frei, anzunehmen, was seine Ehre rettet, dass er mit einem solchen Versprechen nur sich selbst eine Gelegenheit verschaffen wollte, um aus Norwegen heraus-zukommen und seinen Landsleuten Zeit und Raum zu geben, notwendige Maßnahmen zu ergreifen. Wir erwähnten, dass er in neue Unruhen und Streitigkeiten verwickelt wurde. Wenn wir jetzt hinzufügen, dass er 6 Höfe im West- und Südviertel besaß, welche er mit Festungswerk umgab; dass er die Bewohner der ganzen Region ringsum mit einem Huldigungseid verpflichtete, unter seinem Banner zu kämpfen; dass er, gegen alle Verfassung, Häuptling von vier verschiedenen Godord war, und außerdem Anteile in mehreren anderen besaß; dass er sich einmal von einem ganzen Härad ehren ließ und ein anderes Mal einen Häuptling nur unter der Bedingung anerkannte, dass dieser versprach, immer unter ihm als Anführer zu kämpfen — Fügen wir all dies hinzu, so sehen wir deutlich, dass die Macht der Verfassung der des Reichtums gewichen war, dass manches Godord in ein Gehorsamsland eines Häuptlings verwandelt worden war. Wir erkennen weiter, dass es notwendigerweise zumindest diejenigen geben sollte, die eine solche Macht beschneiden könnten, wenn sogar diejenigen fehlten, die sich gegen die Verletzung des Gesetzes wehrten. Diese Gegner boten natürlich alles auf was sie konnten, um eine Macht zu beschneiden, die bereits auf dem besten Weg war, eine Alleinherrschaft zu werden. — Aber die gefährlichsten von ihnen zählte Snorre in seiner eigenen Familie, in seinen Brüdern und Neffen. In der Tat war sogar sein eigener Sohn, Uräkia, einmal im Streit gegen ihn. Aber die Art des Kämpfens, die er am meisten liebte, war, seine Feinde gegeneinander aufzuhetzen und dann ihre Zwietracht zu seinem Vorteil zu nutzen. Denn als er seinen Feinden gegenüber offen auftreten sollte, zeigte er wohl wenig Mut. Das beweist am besten die Tatsache, dass er, als er einmal in eine Lage geriet, die dies notwendig machte, eilig nach Norwegen abreiste und das prächtige Reikholt im Stich ließ (1230). Diejenigen, die sich nun Reikholt bemächtigten, waren sein Bruder Sighvat und dessen Sohn Sturla. Von diesen hatte der letztgenannte auf dem Heimweg von Rom, wohin er eine Wallfahrt unternommen hatte, König Hakan in Norwegen getroffen und ihm solche Versprechungen gemacht, dass man in diesen den Neffen von Snorre wiedererkannte. — Jedoch gab es bei Snorres Ankunft starke Spannungen zwischen Skule Jarl und dem König. Snorre schloss sich der Partei des ersteren an, und auf dessen Reiseerlaubnis hin begab er sich auch wieder zurück nach Hause, nachdem ihm Reikholt durch den Tod seines Bruders und Neffen wieder zugänglich geworden war. Es dauerte jedoch nicht lange, bis er selbst seine Tage beendete. Nachdem Håkan Håkansson Skule besiegt hatte und dieser gefallen war, suchte der König Snorres Verderb. Das Mittel war auch bald gefunden. Bei seiner Rückkehr ließ Snorre nicht von seiner früheren schlechten Angewohnheit ab, sondern reizte Sighvats Sohn Tumi auf jede Weise, um den Tod von dessen Vater und Bruder an deren Mördern Kolbein und Gissur, Snorres eigenen Schwiegersöhnen, zu rächen. Aber von diesen letztgenannten war Gissur mit König Håkan Håkansson verwandt und von diesem zum Jarl erhoben worden. An ihn wandte sich nun der König von Norwegen mit dem Befehl, Snorre entweder gefangen nach Norwegen zu bringen oder ihn zu töten. Dass die großen Besitztümer den letzteren Auftrag reizvoller machen sollte, lag auf der Hand. Deswegen wurde auch der 63-jährige Snorre bei einem Angriff auf Reikholt ermordet in der Nacht zwischen dem 22. und 23. September 1241.

So kam ein Mann um, der ebenso groß an Freundlichkeit, Gelehrsamkeit und Reichtum, wie an Ansehen und Macht war; überhaupt einer der herausragendsten, die der Norden hervorgebracht hat; Aber wenn man seine Größe auch in dieser Hinsicht nicht leugnen kann, so kann man doch nicht übersehen, dass es in seinem reichen Leben mehrere Schattenseiten gibt. — Indem wir diese Züge aus Snorres Leben anführen, haben wir eine Tafel entrollt, die uns in klarstem Licht Zwietracht, Raffgier, Niedertracht und Machtgelüste vor Augen führt. Und wenn diese Eigenschaften in den vornehmsten Geschlechtern des Landes vorherrschend waren, wenn selbst Snorre Sturleson nicht von ihnen freigesprochen werden kann, dann sollte es nicht verwundern oder unerwartet erscheinen, sie als vorherrschend im ganzen Volk zu finden. Dass die Verhältnisse tatsächlich so waren, dafür haben wir einen sicheren Beweis im raschen Untergang des Freistaates. Zwischen dem Sturz von Snorre und dem der Isländischen Republik verstrichen nicht mehr als 20 Jahre. Bereits 1261 unterwarf sich ein großer Teil der Insel Norwegen. m Jahr 1264 war ganz Island unter der Herrschaft dieses Königreichs.

So sind wir nun zu dem Zeitpunkt gekommen, als Islands Unabhängigkeit aufhörte und es sich freiwillig Norwegen unterordnete. Mit demselben stehen wir auch am Ziel unserer Abhandlung […].

# Angabe der Quellen.

[aus dem Original unverändert übernommen, aber durchnummeriert]

[1] Schedae c. 3.

[2] Svea Rikes Häfder 1: 190.

[3] Petersen, Danmarks Historie i Hedenold 2: 412.

[4] Landuama S. m. fl.

[5] Petersen 2: 414, 413 ock Geijer Svea Rikes H. 1: 196.

[6] Nordstrom: Bidrag till Svenska samhällsförfattningens historia 1: 4.

[7] Nordström, 1: 7.

[8] Petersen D. H. 2: 523.

[9] Olof Tryggvasons S. C. 80.

[10] Petersen 2: 524 och 526.

[11] Olof Tryggvas. Sag. Cap. 103.

[12] Petersen 2: 488 och följ.

[13] Se Geijer, Sr. Folkets Hist. 1: Cap. 7.

[14] Petersen D. II. 2: 542 o. f.

[15] Nordström, Bidrag t. Sv. S. Hist. 1: 7.

[16] Wir haben die Absichten von Olof Tryggvason bereits erwähnt. Olof Haraldson verwickelte sich in alle

möglichen Verhandlungen und Angebote, wie aus seiner Sage hervorgeht, Cap. 134, 135, 146.

[17] Wir folgen hiermit der Geschichte von Dännemark von Dahlman 2: 283. f.

[18] Enkel von Sæmund dem Weisen, gestorben 1133.

[19] Damit verhielt es sich wie folgt: Im Jahr 1216 hatte Sæmund, ein Enkel von Sæmund dem Weisen und Snorre Sturlesons Pflegebruder, seinen Sohn Paul nach Bergen geschickt. Die Einwohner dort, die den stolzen Geist von Sæmunds Verwandschaft kannten, empfingen ihn mit Freude und sagten, dass er sicherlich mit der Absicht dorthin gegangen sei, deren König oder zumindest Graf zu werden und dann Island zu unterwerfen. Nicht zufrieden mit einem solchen Empfang, fuhr er nach Trondheim, aber verscholl vor dessen Küste. Sein auf Island zurückgelassener Vater ging nun gegen einige Bergener Kaufleute, die im isländischen Hafen Eyerbacke lagen, so vor, als wären die Einwohner Bergens die Mörder seines Sohnes gewesen, überfiel sie und raubte ihnen einen Teil ihrer Ladung. Auch zwei Kaufleute aus Hardanger wurden überfallen und beraubt.

## Trolles Glossarium.

[vom Übersetzer ergänzt; alle Übersetzungen, wenn nicht anders vermerkt, von Albert George Viktorsson Trolle]

**A** ″**Ingiald Illråde**, Braul Anunds Sohn, erhielt den Beinamen Illråda, was soviel bedeutet wie "durch Gewalttaten vorherrschend", oder entschlossen, verschlagen bei seinen Übeltaten. Am Grab seines Vaters schwor er, sein Reich nach allen Seiten hin um die Hälfte zu vergrößern. Darunter verstanden die Anwesenden, dass dies durch Eroberungen in ehrlicher Fehde geschehen sollte. Ingiald selbst verstand dies gleichwohl anders; denn er hatte die Absicht, sich durch List oder Gewalt der Könige der Provinzen zu entledigen, deren Macht und Besitzungen seine eigenen einschränkten. In der Nacht nach dem Leichenschmaus ließ er deswegen das Haus nieder-brennen, in dem gefeiert worden war, und dort kamen die Könige Algoter, sein eigener Schwiegervater, und Yngvar mit seinen beiden Söhnen, den Königen Sporsnialler und Sigvarter, um. Das waren gleichwohl nicht alle, aber er vollendete seinen Plan gegen die Verbliebenen, ermordete Granmar und Hjorvard und ließ König Gudrauder durch seine Tochter aus dem Weg räumen. Als schließlich Ivar gegen ihn anrückte, veranstaltete er ein Festmahl auf dem königlichen Hof Renninge im Mälarsee und verbrannte dort nachts sich selbst, seine Tochter und seinen gesamten Hofstaat. Im Übrigen war das Vorgehen von Ingiald eine Staatskunst nach dem Geschmack der damaligen Zeit; aber rührte nicht von Blutdurst und Verlangen nach Schaden her. Umgekehrt scheinen sie ihren Ursprung in einem tiefer gehenden, kalkulierten Plan, um die Einheit und Stärke in der Führungsebene zu erreichen, gehabt zu haben. In einer unsicheren Überlieferung wird auch erwähnt, dass er die ältesten Gesetze der Upländer gesammelt hatte, wahrscheinlich in der Absicht, sie zu einem allgemeinen gültigem Gesetz für das gesamte Königreich zu machen. Es werden während seiner Regierungszeit auch keine anderen Merkmale von Eigensinn oder Gewalt erwähnt. Seine Grabstätte wird von Sjöborg in seinen "Sammlungen für des Nordens Altertumsliebhaber", auf Fogdö im See Mälaren, wo sich Renningeborg befand, vermutet, da keine Legende oder Überlieferung Grund zu der Annahme gibt, dass Ingialds Asche entfernt und in Gamla Uppsala in einem Grabhügel oder an einem anderen Ort begraben wurde. Auch findet man tatsächlich auf Fogdö, auf Husbys Liegenschaften, einen sogenannten Königshügel, der sehr glaubwürdig als Ingialds Familien-Grabhügel angesehen werden kann. Er hat einen Umfang von 360 Ellen und ist, wie alle Gräber der alten Könige, umgeben von Steinsetzungen und von mehreren kleineren Hügeln, in denen die Höflinge ruhen."

Berg, Per Gustaf: Art. Ingiald, in: Svenskt Konversations – Lexikon, Zweiter Teil, Stockholm 1847, S. 247.


An dieser Stelle wollen wir zum Vergleich noch Snorre Sturleson, einen der Protagonisten in der vorliegenden Abhandlung, direkt zu Ingiald Illråde zu Wort kommen lassen: (Aus der Ynglinga – Sage:)

„Über den Tod von König Ingiald Illråda.

Iwar der Widfadme [modern schwedisch: "Ingvar den vittfarne", deutsch: „Ingvar der Weitgereiste", Anm. d. Hrsg.] kam nach dem Tod seines Vater-Bruders König Gudröd nach Schonen, stellte sofort ein großes Heer zusammen und zog sogleich in Schweden hinauf. Åsa Illråda war kurz zuvor nach Hause zu ihrem Vater gezogen. König Ingiald war zu einem Gastmahl auf Räninge, als er zu wissen bekam, dass König Iwars Heer dort angekommen war: Ingiald fand da, dass er nicht stark genug war, um sich mit Iwar zu schlagen, und er wusste genau, was mit ihm geschehen würde, wenn er fliehen würde: nämlich dass seine Feinde von überall her kämen und ihn überfallen würden. Da fasste König Ingiald mit seiner Tochter Åsa den Beschluss, der danach sehr bekannt wurde, dass sie ihr Gefolge recht betrunken machten und dann die Halle des Königs in Brand stecken ließen, die mit allen, die dort drinnen waren, auch mit König Ingiald und Åsa, abbrannte. So sagt Thiodolfer:


Und Ingiald,

Auf Räninge,

Lebend zertreten

Von des Rauches Aufwerfer (Feuer);

Als der Freund deer Häuser und von Tyr (Feuer)

Mit glühenden Sohlen

Den göttlichen König

Durchtrampelte.


Und dieser König

Schien allgemein

Selten zu sein

Bei den Schweden;

Da er der erste

War, der selbst

Sein schnelles Leben

Verkürzen wollte."

Sturleson, Snorre [nicht benannter Übersetzer ins Schwedische]: Konunga-Sagor, Stockholm 1816, [Erster Teil] S. 58-59.


"**Thiodolfer** af Hwin (Hwen)" oder Thiodolfer der „Hwinverski oder Hwenverske [...] (von Hwen)" [heute Insel Ven zwischen Dänemark und Schweden, Anm. d. Hrsg.]

ale, Historisk tidskrift för Skåneland, Nr 3 1979, Hallberg, Göran: Ven — klippor, skum och scharlakan, S. 17.


**B**     "**Harald Hårfager**, dessen Regierungszeit man um 863 annimmt. [...] **Thiodolfer** ist Thiodolfer den Hwimwerke, ein Skalde zur Zeit Harald Hårfagers, und dieses Königs treuester Freund, der auf der Insel Hwen lebte, [...]"

Bunge, Dr. F. G. v. (Hrsg.): Archiv für die Geschichte Liv-, Esth- und Curlands, Band IV, Dorpat [Tartu] 1845, S. 148.

**Harald I. Hårfager**, einer der hervorragendsten Könige in Norwegen, Sohn von Halfdan III. dem Schwarzen, wurde, nach Sh. Rosenhane [Freiherr Schering Rosenhane, u.a. schwedischer Resident bei den Friedensverhandlungen in Münster 1648, Anm. d. Hrsg.], um 854, nach anderen Angaben im Jahr 898, alleiniger König, dessen Nachkommen in Norwegen bis 1319 regierten, als der letzte Prinz der Ynglinga-Dynastie, Hakon V. Magnusson, starb. Zum Zeitpunkt des Todes seines Vaters hielt sich Harald auf dem Dovrefjell auf und hatte bereits in mehreren Schlachten große Tapferkeit und hervorragende Eigenschaften bewiesen. Die Liebe machte ihn zum Eroberer. Er hatte Gyda, einer dänischen Königstochter, seine Hand angeboten; aber die stolze Prinzessin antwortete Haralds Gesandtem, dass sie nicht seine Frau werden wollte, bevor er nicht Herr über ganz Norwegen sei. Harald schwor daraufhin, dass er sein Haar weder schneiden noch kämmen würde, bis Gydas' Wunsch erfüllt sei, und zehn Jahren danach war er Herr über sein ganzes Vaterland. Sein Haar war zwischenzeitlich sehr lang geworden und weil er es nicht pflegte, bekam es ein sehr schäbiges Aussehen, weswegen er den Spitznamen Harald Mütze bekam. Nachdem er wieder begonnen hatte, es zu pflegen, wurde es ausgesprochen schön, und er wurde daher Harald Hårfager

[Schönhaar, Anm. d. Hrsg.] genannt. Harald soll im Jahr 938 gestorben sein, nachdem er sein Königreich durch weise Gesetze und die Förderung des Handels in einen blühenden Zustand versetzt hatte.

Berg, Per Gustaf: Art. Harald I Hårfager, in: Svenskt Konversations – Lexikon, Zweiter Teil, Stockholm 1847, S. 56.

**C Gardar Svafarsson ---> Gardarsholm,** älteste Bezeichnung Islands. Um 860 wollte Gardar, Sohn eines Schweden namens Svafar, der auf Seeland lebte, zu den Hebriden segeln, wurde aber durch einen Sturm an die Ostküste Islands abgetrieben. Dadurch, dass er der Küste folgte, umsegelte er dann die Insel. Auf der Nordseite, an einer Stelle, die danach Husavik genannt wurde, baute er einige Häuser, um darin zu überwintern. Ein Mann, der mit auf die Reise gekommen war, ließ sich in der Nähe von Husavik nieder, aber Gardar selbst segelte zurück und kam nach Norwegen. Er lobte das entdeckte Land sehr, welches später Gardarsholm genannt wurde, aber dieser Name wurde bald durch die immer häufigere Benennung Island verdrängt.

Expeditionen af Nordisk familjebok: Art. Gardarsholm, in: Nordisk familjebok, Fünfter Band, Stockholm 1882, S. 881-882.

**D** Versuchsweise fuhren auch **Ingolf** und **Leif** im Jahr 871 dorthin und landeten in einer Bucht an der Ostküste. Sie erkundeten das Land und kehrten im folgenden Frühjahr zurück, um ihre Auswanderung vorzubereiten. Doch die Mühe fiel allein auf Ingolf, denn Leif ging nach Irland, plünderte dort und nahm

Sklaven und andere Beute mit. Im Jahre 874 verließen sie schließlich Norwegen mit zwei Schiffen. Auf dem einen fuhr Ingolf mit ihrem gemeinsamen Besitz, auf dem anderen Leif, der inzwischen Helga geheiratet hatte, mit seiner irischen Beute. So wurden Ingolf und Leif zu den ersten Siedlern Islands oder, wie es auf Island hieß, zu Landnamemännern (Landnehmern).

Hildebrand Hildebrand, Hans Olof: Lifvet på Island under sagotiden, Stockholm 1867, S. 4.

**E** **Are vise** oder **frode** [Are Torgilsson, genannt "den vise" oder "frode", d.h. "der Weise", Anm. d. Hrsg.] war der erste, der die Geschichte Islands aufschrieb und die wichtigsten Ereignisse auf der Insel beschrieb. Sein Buch der Isländer liegt noch vor und beginnt so: "Das Buch der Isländer schrieb ich zuerst für unsere Bischöfe Thorlak und Kettil und zeigte es diesen beiden und dem Priester Sämund. Aber da sie es für gut befanden, es zu haben oder sogar zu erweitern, schrieb ich dies und fügte das hinzu, was mir danach bekannt wurde. Wenn etwas falsch ist, soll man lieber das nehmen, was für wahrer befunden wird." Sein Buch handelt von den wichtigsten Ereignissen auf der Insel, die ich alle, mit einer Ausnahme, im Vorangegangenen erwähnt oder ange- deutet habe -- über die Landnamemänner, die Einführung der Gesetze, die Einrichtung des Althinges, das Zählen der Zeit -- im Jahr 970 wurde eine Veränderung in der früher üblichen Art der Berechnung der Jahre vorgenommen – über die Teilung der Viertel, die Besiedlung Grönlands, die Einführung des

Christentums, die ausländischen Bischöfe und die ersten beiden auf Island geborenen, Isleif und Gissor. Er endet mit dem Jahr 1120. "Hier endet dieses Buch", heisst es dort.

Hildebrand Hildebrand, Hans Olof: Lifvet på Island under sagotiden, Stockholm 1867, S. 146.

## F     Erik Gustaf Geijer

Geboren: 1783-01-12 - Gemeinde Ransäter, Värmlands Län (in Ransäters Werk)
Tod: 1847-04-23 - Gemeinde Jakob, Stockholms Län

Autor, Historiker, Dichter, Komponist

Erik Gustaf Geijer, https://sok.riksarkivet.se/sbl/artikel/12976, Svenskt biografiskt lexikon (art av Elsa Norberg), hämtad 2021-05-23.

**G**     Schon in frühester Zeit wurde die Einteilung des Landes im Hinblick auf die Rechtspflege als "**Härad**" bezeichnet. Härad ist der gleiche Begriff wie „hundari" und bedeutet eine Vereinigung von Hunderten. Anfangs war es eine Vereinigung für kriegerische Zwecke. Nachdem eine seßhaftere Lebensform angenommen worden war, wurde der Name "härad" weiterhin für die einzelnen Rechtsgemeinschaften innerhalb der Provinzen (Landschaften) verwendet. Eigentlich gehört der Name zu den Gesetzen der Göthaer (Goten), und hundari hingegen kommt bei den Svear-Stämmen vor. Die Gründung neuer Siedlungen in der Wildnis wurde als Bau von

Häraden bezeichnet. Der Begriff "härad" war ursprünglich persönlich und bezog sich auf die Familien, die die Gemeinschaft bildeten; aber wandelte sich allmählich zu einer Bezeichnung für das Land selbst, das sie bewirtschafteten. [...]

Berg, Per Gustaf: Art. Härad, in: Svenskt Konversations – Lexikon, Zweiter Teil, Stockholm 1847, S. 206.

**H** Es gab aber Gerichte auf Island bevor das Althing eingeführt wurde. Zu den Aufgaben des Goden gehörte auch das Reden bei den öffentlichen Versammlungen, die ganz natürlich beim Götterhaus (Tempel) stattfanden, das er betreute. [...] Island ist durch ziemlich klare natürliche Grenzen in vier Gebiete unterteilt, die nach der Himmelsrichtung oder nach der Hauptsiedlung des Gebiets benannt wurden. In jedem Viertel sollte es drei Unterteilungen geben mit Gerichtsgemeinden, jede mit ihrem eigenen Gericht, und in jedem solchen Bereich drei **Godord**. Im Nordland konnte man sich mit dieser Regelung nicht anfreunden, sondern es wurde eine vierte Gerichts- gemeinde eingerichtet, und so hatte man dort zwölf Godord. Die in diese Verteilung aufgenommenen Godord hatten daher vollständige administrative Bedeutung. Allerdings konnte sich auch danach noch jeder einen Hof aufbauen und dessen Gode werden, aber diese Wertigkeit war dann ganz individueller Natur und hatte keinerlei Einfluss auf die Verwaltung.

Hildebrand Hildebrand, Hans Olof: Lifvet på Island under sagotiden, Stockholm 1867, S. 82-83.

**I**     Auf dem Hof Lon im südöstlichen Teil Islands lebte ein Auswanderer, **Ulfljot**. Er war spät herausgekommen und als er das vor ihm liegende Land bebaut fand, kaufte er den besagten Hof. Er war es, der die Gesetze Islands schuf. Man kennt nicht die näheren Umstände, die diesem bemerkenswerten Ereignis vorausgingen. Es ist wahrscheinlich, dass sich einige der angesehensten Männer des Landes, wie z. B. die Goden, an den Neuankömmling wandten und ihn baten, ein Gesetzbuch zu schreiben; anders ist die Bereitschaft, mit der die neuen Gesetze angenommen wurden, nicht zu erklären. Ulfljot nahm den Auftrag an, obwohl er es bereits geschafft hatte, das Altern von sechzig Jahren zu erreichen, und fuhr nach Norwegen, um dort in Beratung mit seinem Mutterbruder [Onkel, Anm. d. Hrsg.] Thorleif dem Weisen einen Gesetzes-vorschlag auszuarbeiten.

Hildebrand Hildebrand, Hans Olof: Lifvet på Island under sagotiden, Stockholm 1867, S. 79.

**J**     Das **Althingi** ist die älteste und höchste Institution des Landes. Seine Gründung in Thingvellir (Parlamentsplateau) im Jahr 930 n. Chr. markiert die Geburtsstunde der isländischen Nation. Das Althingi war eine Versammlung des Volkes, in der die führenden Häuptlinge zusammenkamen, um verschiedene Angelegenheiten zu besprechen. Das Althingi verabschiedete Gesetze und verkündete Recht. Das Althingi trat jeweils etwa Mitte Juni zu einer etwa zweiwöchigen Sitzung zusammen, an der alle freien und gesetzestreuen Bürger teilnehmen konnten. Diejenigen, die an der Versammlung teilnahmen, wohnten während der Sitzung in provisorischen Lagern, den so genannten búdir. Durch die Unterbringung während der Sitzung sollte die Freiheit zur Beobachtung der Beratungen gewährleistet werden. Das Althingi war gut besucht, denn es war das Zentrum der Macht und des Austauschs.

Althingi, in: (Hrsg.) Administration of Althingi, Reykjavík 2018, S. 6.

**K** "Der **Lagmann** war, wie sein Titel besagt, ein Mann des Gesetzes [lag] der wissen und kennen musste, was von altersher im Lande Gesetz und Sitte gewesen. Er war in Schweden zugleich was man auf Island Lögsögumadr nannte, indem es ihm oblag dem Volke zuweilen das Gesetz, nach dem es sich zu fügen hatte, vorzusagen. Es ist begreiflich, dass ein Mann, der besser als alle anderen die alten Gesetze kannte, auch in Fällen, die früher nicht vorgekommen, am besten geschickt war den Spruch zu fällen. Es ist begreiflich, dass ein Mann, an den man sich in Rechtssachen mit Vertrauen wandte, auch in anderer Beziehung bedeutenden Einfluss gewann."

Hildebrand Hildebrand, Hans Olof (Übersetzung J. Mestorf): Das heidnische Zeitalter in Schweden, Hamburg 1873, S. 208.

**L** **Olaf Tryggvason**, vollständig Olaf I. Tryggvason, (geb. ca. 964 - gest. ca. 1000), Wikingerkönig von Norwegen (995 - ca. 1000), der in der skandinavischen Literatur sehr bekannt ist und der den ersten effektiven Versuch unternahm, Norwegen zu christianisieren. Olaf, der Urenkel des norwegischen Königs Harald I. Schönhaar und Sohn von Tryggvi Olafsson, einem Häuptling in Südostnorwegen, wurde kurz nach der Ermordung seines Vaters durch den norwegischen Herrscher Harald II Gråfell geboren. Der Legende nach floh Olaf mit seiner Mutter Astrid an den Hof des Heiligen Wladimir, des Großfürsten von Kiew und ganz Russland, und wurde dort zum Wikingerkrieger ausgebildet. Im Jahr 991 beteiligte er sich an den Angriffen der Wikinger auf England, die mit der Thronbesteigung von Æthelred II. „dem Unfertigen" im Jahr 978 wieder aufgenommen wurden. Æthelred bat 991 um Frieden und erklärte sich bereit, hohe Tributzahlungen zu leisten, und auch 994, als Olaf mit dem dänischen König Sven I. Gabelbart einmarschierte.

Olaf war bereits Christ und wurde 994 in Andover (im heutigen Hampshire) konfirmiert, wobei Æthelred, mit dem er sich versöhnt hatte, sein Patenonkel wurde. Als Olaf von der wachsenden Revolte gegen den norwegischen König Haakon den Großen erfuhr, kehrte er nach Norwegen zurück und wurde nach Haakons Tod 995 als König anerkannt. Er setzte das Christentum in den von ihm kontrollierten Gebieten, an der Küste und auf den westlichen Inseln, mit Gewalt durch, hatte aber anderswo wenig Einfluss. Durch die Beauftragung von Missionaren und die Taufe von Würdenträgern, die ihn besuchten, gelang es Olaf, das Christentum auf den Shetland-, Färöer- und Orkney-Inseln sowie in Island und Grönland einzuführen. (Das Christentum wurde um das Jahr 1000 vom isländischen Parlament [Althing] angenommen). Trotz seines religiösen Eifers gelang es ihm jedoch nicht, dauerhafte religiöse (oder administrative) Einrichtungen in Norwegen zu schaffen.

Olaf fand seinen Tod in der Schlacht von Svolder (um 1000) durch den dänischen König Sven I., den schwedischen König Olaf Skötkonung und Eric den Norweger, Graf von Lade. Die Schlacht wird in mittelalterlichen skandinavischen Gedichten oft nacherzählt. Nach seinem Tod fielen große Teile Norwegens unter fremde Herrschaft zurück.

Britannica, The Editors of Encyclopaedia. "Olaf Tryggvason". Encyclopedia Britannica, Invalid Date, https://www.britannica.com/biography/Olaf-Tryggvason. Accessed 24 May 2021.

**M** ”[...] König Olav Trygvason sandte 996 **Stefner Thorgilsson**, ingleichen Thangbrand einen Sachsen, seinen Hofprediger, gleichfalls auf diese Insel [Island]. [...]“

Ioensen, Finnur: Historia ecclesiastica Islandiae (Übersetzer unbekannt), in: Zugabe zu den Göttingischen Anzeigen von gelehrten Sachen unter der Aufsicht der königl. Gesellschaft der Wissenschaften, Der erste Band, Göttingen 1777, S. 277.

**N** ” [...] Gelegentliche Missionen nach Island im späteren 10. Jahrhundert sind überliefert, aber es wurden kaum Fortschritte erzielt, bis Olaf I. Tryggvason, König von Norwegen, um 997 den deutschen Priester **Thangbrand** aussandte.

Thangbrand war ein skrupelloser, brutaler Mann; er wurde geächtet und kehrte um 999 nach Norwegen zurück. Aber im Jahr nach Thangbrands Abreise (um 1000) beschloss das isländische Parlament (Althingi) auf Anweisung von König Olaf, dass alle getauft werden sollten, [...]"

Britannica, The Editors of Encyclopaedia. "The end of paganism". Encyclopedia Britannica, Invalid Date, https://www.britannica.com/history/The end of paganism. Accessed 24 May 2021.

**O      Gissur,** ein häufig vorkommender Name in einer von Islands bekanntesten Großbauernfamilien, den Mosfellings, später den Haukadalings. – 1. Stammvater. G. Teitsson Hviðe [der Weiße, Anm. d. Hrsg.] auf Mosfell (in der Nähe von Reykjavik), war, genau wie Hjalte Skeggjason, Anführer der Bewegung, die zur Annahme des Christentums durch das Alting führte (um das Jahr 1000). – 2. G. Isleifsson, der Enkel des Erstgenannten, trat die Nachfolge seines Vaters Isleif, des ersten im Land geborenen Bischofs von Island (1056), im Bischofsamte an und regierte Island 36 Jahre lang (1082–1118), als wäre er ein König gewesen (Adam von Bremen). Er war, so erzählt Are Frode, so beliebt beim Volk, dass um seinetwillen nach dem Rat von Sämund Frode und Markus Lögsöguman, gesetzlich festgelegt wurde, dass jeder Einzelne seine Güter, sowohl Grundstücke als auch bewegliches Eigentum, zählen und bewerten und schwören sollte, dass sie richtig bewertet wurden, und daraufhin einen Zehnten davon abgeben sollte. Dieses geschah 1096 und wird von Are zu Recht als aussagekräftiger Beweis für den Gehorsam des Volkes gegenüber G. Angesehen. Das Althing beschloss auch, dass Skalholts Hof und Kirche - G.'s eigenes Erbe - zum Bischofssitz gemacht werden sollten, und versah diesen zusätzlich mit großen Schenkungen an beweglichen Gütern. Als die Bewohner des nördlichen Islands einen eigenen Bischof erhalten wollten, verzichtete G. auf die Einkünfte des nördlichen Viertels zur Errichtung des Bistums Hola (1106), wodurch die Stiftseinteilung Islands so wurde, wie sie während der katholischen Zeit bestehen blieb. Auf Initiative von G. wurde die erste Volkszählung in den Ländern des Nordens durchgeführt - wahrscheinlich anlässlich der Einführung des Zehnten -, nach der es in Island 4.440 Bauern, d. h. steuerschuldige Hofbesitzer, gab. G.s Bruder Teit erbte von seinem Ziehvater Hall Thorarinsson den Hof Haukadal (in der Nähe von Geysir), der dann zum Hauptsitz der Familie wurde. [...]

Expeditionen af Nordisk familjebok: Art. Gissur, in: Nordisk familjebok, Fünfter Band, Stockholm 1882, S. 1224-1225.

**P**    **Njål** (Njal), vollständig Njal Thorgeirsson, isländischer Großgrundbesitzer, Protagonist der "Njåls Saga", geboren ca. 935, lebte auf dem Hof Bergtorsvall an der Südküste und wird in der Sage als ein attraktiver und in hohem Grade gesetzeskundiger Mann erwähnt. Er war so weise, dass er in die Zukunft sehen konnte, und außerdem rechtschaffen, wenn auch nicht ohne eine gewisse Gerissenheit in seinen Ratschlägen. Mit seiner Frau Bergtora hatte er die Söhne Skarphedin, Grim und Helge, von denen sich vor allem der

Erstgenannte in allen mannhaften Fertigkeiten auszeichnete. N. hatte ein gutes Verhältnis zu seinem Nachbarn Gunnar auf Hliðarendi und verstand es sogar, dieses trotz der Gewalttätigkeiten seiner eigenen Söhne und der Abneigung zwischen Bergtora und Gunnars Frau Hallgerd aufrechtzuerhalten. Nach Gunnars Tod (993) gelang es ihm jedoch nicht, den Ausbruch der Fehde zu verhindern, in die viele der vornehmsten Familien verwickelt waren und die mit einem Überfall auf Bergtorsvall endete, wobei N., seine Frau und seine Söhne ihr Leben lassen mussten (am 3. September 1011). N. war derjenige, der die Einsetzung des Fünften Gerichts als oberstes Gericht in Island durchsetzte (1004), und war auch einer der ersten, der die christliche Lehre annahm.

**Njåls Sage** wird eine der urisländischen Sagen genannt, die von vielen an erster Stelle unter allen gestellt wird sowohl im Hinblick auf Stil und Komposition, sowie in Bezug auf die Zeichnung der Charaktere und des Inhaltsreichtums. Die Sage, die sich um den Großgrundbesitzer Njål Thorgeirsson dreht (siehe vorangehenden Artikel) und dessen Familie, schildert Ereignisse aus dem südlichen Teil von Island in der zweiten Hälfte des zehnten Jahrhunderts und dem Beginn des elften Jahrhunderts. Viele Fakten über das Rechtswesen auf der Insel werden in der Sage vermittelt, aber eine jüngere Kritik hat gezeigt, dass sie in mehreren Punkten unzuverlässig ist. Die Geschichte wurde zuletzt und am besten 1875 in Kopenhagen herausgegeben; […].

Expeditionen af Nordisk familjebok: Art. Njål, in: Nordisk familjebok, Elfter Band, Stockholm 1887, S. 1171.

**Q**      **Fljotshlid** ist ein wunderschönes Ackerbaugebiet in Südisland. Es ist einer der Hauptschauplätze der Njal-Saga, einem Meisterwerk der Sagaliteratur. Es ist umgeben von einigen der aktivsten und bekanntesten Vulkane der Welt.

Diese Vulkane sind Hekla (im Norden), Katla (im Osten), Eyjafjallajökull (im Süden) und die Westmännerinseln (im Südwesten, einschließlich Surtsey, das beim Ausbruch von 1963-67 entstand). Der Fluss Markarfljot fließt zwischen Fljotshlid und dem Eyjafjallajökull.

Gunnar Hamundarson, der Haupteld der Njal-Saga, lebte in dieser Gegend auf dem Hof Hlidarendi. Es wird erzählt, dass er, als er zur Verbannung verurteilt wurde und abreisen wollte, auf den Berg Fljotshlid zurückblickte und verkündete, dass er wegen der Schönheit dieses Ortes nicht abreisen würde, und so ritt er zurück, um sich seinem Schicksal zu stellen.

Der Dichter Thorsteinn Erlingsson lebte in der Gegend, ebenso wie die Künstlerin Nina Tryggvadottir und Tomas Saemundsson, letzterer aktiv im Kampf um die Unabhängigkeit im 19. Jahrhundert.

"Fljótshlíð Travel Guide". Guide to Iceland, 25.05.21, https://guidetoiceland.is/travel-iceland/drive/fljotshlid. Accessed 26 May 2021.

**R**      **Bergþórshváll**

Großer Hof ca. 5 km landeinwärts vom Landeyjasandur an der Str. 252.

"Die Örtlichkeiten der Njáls saga ". Universität Leipzig, [no date], https://home.uni-leipzig.de/histspra/WS17-18Homepage/04-040-2003Vor-undFrühstufen /MaterialienAltnordisch/Text2Njalssaga/Njalssaga-Orte.pdf. Accessed 26 May 2021.

**S** Das **Jahr 984** fällt in eine Phase der Klimaerwärmung, die auch als "Mittelalterliches Optimum" bezeichnet wird. Gleichwohl deuten Temperaturkurven der Nordhemisphäre, die aus Multi-Proxy- und Baumring-Rekonstruktionen hergeleitet sind, für die Jahre vor der Jahrtausendwende deutliche Schwankungen auch in den negativen, d.h. kälteren Bereich an. Eisbohrkerne aus einer Tiefe zwischen 309,85 bis 311,585 Metern gleichbedeutend mit der Zeitspanne zwischen den Jahren 980 und 987 nach Christus, die aus dem Grönländischen Eisschild gewonnen wurden, weisen für diese Zeit eine signifikante Schwankung der Leitisotope aus, nach denen die Temperaturkurven rekonstruiert werden. Es ist also wahrscheinlich, dass die Aussentemperaturen der Nordhemisphäre zu diesem Zeitpunkt geschwankt haben und somit ist auch ein im Text angedeutetes, vorlaufendes schlechtes Erntejahr 983 zumindest nicht ausgeschlossen.

nach: Kobashi, T., J.P. Severinghaus, J.-M. Barnola, K. Kawamura, T. Carter, and T. Nakaegawa. 2010. Persistent multi-decadal Greenland temperature fluctuation through the last millennium. Climatic Change, Vol. 100, pp. 733-756. DOI 10.1007/s10584-009-9689-9

**T** **Träldomen** / Sklaverei / Knechtschaft im Norden. Unsere heidnischen Vorväter schleppten

Gefangene nach Hause, so viele wie sie auf ihren Wikingerschiffen unterbringen konnten, von den Küsten der Ostsee, aus England, Schottland und Irland, aus Deutschland, Frankreich und sogar aus Spanien; sie nahmen Männer, Frauen und Kinder aller Stände, Mönche und Priester, Jünglinge und Jungfrauen von edelster Geburt, die Töchter von Königen und Grafen. Die Kriegsgefangenschaft war somit die erste, allgemeinste und häufigste Quelle der Sklaverei im Norden. Das zweite war, dass die von Sklaven geborenen Kinder im Status ihrer Eltern blieben und zur Klasse der Sklaven gehörten. Dennoch unterscheiden sich unsere Provinzgesetze von den Gesetzen anderer Völker durch die milde Bestimmung, dass das Kind der besseren Seite folgte, also frei war, wenn entweder der Vater oder die Mutter zu den Freien gehörte, denn man glaubte nicht nur, dass der Mutterleib befruchtete und befreite, sondern auch, dass ein frei geborener Mann, der mit einer Sklavin ein Kind zeugte, seine Freiheit auf letzteres übertrug; doch musste er feierlich vor Gericht dasselbe Kind als seins anerkennen, sodass kein Zwist in Zukunft entstehen möge um dessen Eigenschaft als freigeborenes, und außerdem, wenn die Sklavin nicht seine eigene war, sondern jemandem anders gehörte, oblag es ihm ihren Herrn sowohl für den Verlust zu entschädigen, der ihm durch die geringere Arbeits- fähigkeit der Sklavin in ihrem schwangeren Zustand entstanden war, als auch für die Kosten der Aufziehung des Kindes, solange es in dem Haus des Herrn blieb, in dem es geboren worden war. Im Hause geborene Sklaven, die von Kindesbeinen an in den bäuerlichen Arbeiten des Hauses geschult und daran gewöhnt waren, diese mit Sorgfalt und Treue zu verrichten, hatten einen großen Vorzug vor den anderen und wurden Fostre genannt, da sie im Haus des Herrn aufgewachsen und erzogen worden waren. Selbst freie Männer wurden manchmal in die Klasse der Sklaven versetzt, wenn sie entweder größere Schulden angehäuft hatten, als sie bezahlen konnten, oder unehrenhafte Vergehen begingen, die eine niedrige und schändliche Gesinnung offenbarten, wie man sie nur unter den Leibeigenen zu finden erwartete, aber nicht unter frei geborenen Menschen, und in diesem Fall hielt man es für geboten, sie in den gleichen Zustand zu versetzen zu dem ihr Verhalten gehörte. Diebe wurden daher zu Knechten des Beraubten, sofern sie nicht in der Lage waren, ihn mit einer Geldbuße zu versöhnen oder seinen Schaden zu begleichen; und der Schuldner, der nicht auf andere Art für sich recht tun konnte, wurde zum Sklaven seines Gläubigers, bis er seine Schuld durch Arbeit oder durch die Hilfe seiner Verwandten abgegolten hatte. Schwere Not und Armut in Misserntejahren, Unvermögen und die Unfähigkeit, auf andere Weise den Lebensunterhalt zu bestreiten, manchmal sogar der Hass auf Verwandte, trieben den einen oder anderen dazu, ihre Freiheit zu verkaufen und sich dem Eigentum eines Hausherrn zu unterwerfen, um Schutz und Brot zu erhalten oder die Erben des Vermögens zu berauben, indem sie das Erbe demjenigen übertrugen, in dessen Obhut sie sich begaben, denn der Hausherr hatte ein Recht auf das gesamte Eigentum des Sklaven. Diese wurden als "Gäfträlar" [″gäf″ bzw. ″gäv″: etwas, das gegeben wird, eine Gabe; auf deutsch dann etwa Gaben-Sklaven oder Gebsklaven; freier heute vielleicht auch als Geschenk-Sklaven zu übersetzen, Anm. d. Hrsg.] bezeichnet, da sie sich freiwillig in die Knechtschaft begeben hatten. Sie gehörten zu der am meisten verachteten Klasse von Sklaven, weil die Nordländer bei demjenigen, der sich so freiwillig der Eigenschaft eines frei geborenen Mannes entledigte und seinen wertvollsten Besitz verkaufte, die Freiheit, ein von Grund auf niedriges und ehrloses Gemüt oder den höchsten Grad von Tatenlosigkeit vermuteten, weshalb auch der Totschlag gegen einen Gebsklaven mit drei Mark Geld gesühnt werden konnte, während der Totschlag gegen andere Sklaven mit drei bis vier und der von hausgeborenen Sklaven mit acht gewogenen oder begutachteten Mark bedroht war. Auch der Preis für einen Sklaven war sehr unterschiedlich. So wurde ein Gebsklave mit 24 Lot [Feingehalt, Anm. d. Hrsg.] Silber bewertet, ein anderer Sklave mit 48 und hausgeborene Sklaven mit 128 Lot. Im Gegensatz zu anderen innewohnenden Bediensteten, führten die Sklaven die Bezeichnung Zwangsgesinde [im Original "Annödughshjon": von "annödga" → frühneuhochdeutsch "annötigen" → jemanden zu etwas zwingen; "hjon": allgemein Haushaltsmitglied, im Speziellen Gesinde, Dienstvolk, Anm. d. Hrsg.], als diejenigen, deren Los das elendigste von allen war. Sie wurden, jeder nach seiner körperlichen Kraft, Fähigkeit und Fertigkeit, für die Erledigung von allen Aufgaben auf dem Hof, auf dem Feld und im Wald eingesetzt. In der Regel wurden ihnen die schwersten und schwierigsten Arbeiten auferlegt und solche, die andere für sich als erniedrigend ansahen. Sie hüteten das Vieh, zerkleinerten Brennmaterial, brannten Kohle und gewannen Salz.

Die Sklavinnen, in der urzeitlichen Sprache "Ambat"

genannt, verrichteten die im Haus und in der Scheune anfallenden Aufgaben; Mehl zu mahlen und Brot zu backen werden in den alten Sagen als ihnen mit Sicherheit zukommende Arbeiten benannt. Die fähigsten und am besten gearteten der Sklaven, insbesondere zwischen den hausgeborenen, wurden zu Vögten über die anderen gemacht, zu Vorstehern von Höfen und manchmal sogar zu Halbbauern ernannt. Solche trugen die Bezeichnung "Bryti", als diejenigen, die den anderen Arbeit und Nahrung gaben. "Konungsbryti" ["konung" = König, Anm. d. Hrsg.] wurden deswegen die genannt, die den königlichen Höfen vorstanden, denn Sklaven wurden nicht selten beziehungsweise ursprünglich zu diesen und anderen solchen Diensten genommen, weswegen weshalb die Positionen lange Zeit von den Freien verschmäht wurden, zumindest von denjenigen, die auf ihre Freige-borenheit und ihre Selbstständigkeit einen hohen Wert legten.

Dem Bryti war die "Dajan" verantwortlich, diejenige der Sklavinnen, die die Aufsicht über die anderen hatte oder die der inneren Hausverwaltung auf einem Hof vorstand. Über seine Sklaven besaß der Hauherr eine so uneingeschränkte Macht, dass noch zum Schluss des dreizehnten Jahrhunderts, obwohl das Christentum bereits Fuß gefasst und die Bräuche stark abgemildert hatte, ein Hausherr, seine Frau und seine Kinder konnten nach Belieben einen Sklaven mit dem Tode bestrafen oder misshandeln, wie es ihnen gut erschien, ohne dass sich das Gesetz irgendeine Macht zuerkannte, deswegen die geringste Geldstrafe gegen sie zu verhängen. Nicht selten wird in den Sagen von gehäuteten [gemeint ist hier: durch Schläge mit

60

offenen Wunden versehen, an den Schlagstellen ist die Haut abgestreift ("hudstruken"), Anm. d. Hrsg.] Hausmädchen berichtet, und "sklavengeschlagen" wurde das genannt, wenn jemand so schwer geschlagen worden war, dass er auf dem Boden lag mit gebrochenen Knochen und entstellt, so dass er sich selbst nicht von der Stelle rühren konnte. Die Gesetze sahen vor, dass ein Sklave bestenfalls über Makler und mit Zeuge gekauft werden sollte, und wenn schlechte Angewohnheiten oder ein Laster des Sklaven vom Verkäufer verschwiegen wurden, wurde jener für verpflichtet erklärt den Schaden zu ersetzen, der dadurch zu jeder Zeit dem Käufer zugefügt werden konnte. Man machte Geschenke mit Sklaven, man konnte sie als Geldbuße abgeben, man behandelte sie in allem so wie anderes Eigentum, aber ein ungebührliches Zusammenleben zwischen ihren Sklaven ließen unsere Vorväter nicht zu. Der Sklave musste sich ordnungsgemäß mit einer Frau verbinden, und dies sollte mit der Erlaubnis des Hausherrn geschehen; dann galt er als verheirateter Mann, aber da die aus solchen Ehen hervorgegangenen Kinder nicht ihren Eltern, sondern dem Hausherrn gehörten, und ein Leibeigener keine väterliche oder hausherrliche Macht ausüben konnte, hatte die Ehe von Leibeigenen nicht dasselbe Ansehen wie die der Freien, weswegen der verheiratete Diener in den Gesetzen nicht als Ehemann, sondern als "Kapsir" bezeichnet wird. Das gleiche Recht, das der Hausherr über den Sklaven selbst hatte, hatte er auch über dessen Eigentum, so dass alles, was der Sklave besaß oder im Dienst des Herrn erwarb, dem Herrn gehörte, weswegen sogar in unseren Landschaftsgesetzen Sklaven auf eine Stufe mit Bettlern gestellt werden, und wenn Verwandte einen Angehörigen aus der Knechtschaft freikaufen wollten, mussten sie schwören, dass das Lösegeld aus ihrem eigenen Geld und nicht von dem des Sklaven stammte, denn sonst würde der Herr sein eigenes Gut als Lösegeld für den Sklaven nehmen. Daraus, dass dieser in jeder Hinsicht als unbedingtes Eigentum des Hausherrn betrachtet wurde, über das sich der Staat kein Recht aneignen konnte, folgte natürlich, dass der Sklave keinerlei Verpflichtungen der Allgemeinheit beziehungsweise der Gesellschaft gegenüber hatte.

Er hatte keine bürgerlichen Rechte, konnte nichts bezeugen, durfte keine Waffen tragen, stod icke under lag och landsrätt med andra män, er war nicht Inhaber von persönlichem Frieden und Sicherheit als freier [männlicher, Anm. d. Hrsg.] Bürger, nicht Inhaber einer höheren Unverletzlichkeit, hatte für sich keinen gesicherten Schutz durch das Gesetz, keinen Schutz durch die Allgemeinheit, weshalb auch das jemanden zum Sklaven machen, als jemanden seines persönlichen Friedens zu berauben benannt wurde. Aber weil der Sklave ausserhalb jeder Verhältnisse zur Gesellschaft stand, und nicht anders angesehen war als ein Ding [eine Sache], welches mit uneingeschränktem Recht seinem Besitzer gehörte, oblag es diesem für alle seine Taten einzustehen, so dass, wenn der Sklave einen Diebstahl oder einen Mord beging oder er sich auf andere Weise entweder einem Freigeborenen oder dessen Sklaven gegenüber gewaltsam aufführte, es dem Hausherrn zufiel die Straftat mit einer Geldstrafe zu sühnen, weil er "seinen Sklaven nicht besser gezähmt" hatte.

Verweigerte er dies und lieferte stattdessen lieber den

Straftäter aus, um vom Kläger nach dessen Belieben getötet oder bestraft zu werden, dann wurde der Sklave mit einer Eichenrute um den Hals am Torpfosten beim Hof des Hausherrn aufgehängt; wo die Leiche hängen sollte, bis die Rute verrottet war, und eine Strafe von vierzig Mark traf jeden, der es wagte, die Rute abzuschneiden. Man wollte durch dieses abscheuliche Schauspiel den Hausherrn dazu zwingen, lieber eine Geldbuße zu bezahlen als den Sklaven auszuliefern, weil man es verachtete, sich an einem solchen Unmenschen zu rächen, und deshalb bei Verbrechen von Sklaven hauptsächlich Geldbußen forderte. Untaten, die an fremder Männer Sklaven begangen wurden, galten nicht als an jenen begangen, sondern wurden nur nach dem Schaden beurteilt, den der Hausherr dadurch erlitt, so dass, wenn ein Sklave totgeschlagen oder ihm auf andere Weise eine Verletzung zugefügt wurde, so dass er arbeitsunfähig wurde, keine andere Strafe verhängt wurde als die volle Entschädigung für den Wert des Sklaven, um den Hausherrn zu entlasten. Überhaupt hegte man für Sklaven eine so tiefe Verachtung, dass unter den Schimpfwörtern die Bezeichnung "Sklave" eines der beleidigendsten war, so dass es mit ebensolchen Geldbußen belegt wurde, wenn jemand schmähend einen in eine Familie geborenen Mann als freigelassenen Sklaven bezeichnete oder ihn der Sodomie beschuldigte, und durch die Hand von Sklaven zu sterben, galt als eine der schändlichsten Todesarten. Im Allgemeinen wurden die Sklaven der alten Be- wohner des Nordens mit einem gewissen Maß an Menschlichkeit behandelt, auch wenn es hin und wieder vorkam, dass ein Herr, der der absolute Herr über das

Leben seines Sklaven war, ihn im Zorn und in der Hitze des Gemüts zu hart bestrafte. Sogar die Gesetze haben für eine väterliche Erziehung der Kinder der Sklavinnen gesorgt, denn wenn ein Hausherr sein Recht auf einen hausgeborenen Sklaven beweisen wollte, musste er durch Zeugen und einen Zwölfmann-Eid [ein Eid, der von zwölf freien Männern abzulegen war, Anm. d. Hrsg.] beschwören und bestätigen, dass der Sklave in seinem Haus geboren wurde, Milch von der Brust seiner Mutter getrunken hatte, gekleidet und in eine Wiege gelegt wurde. So oft unsere Vorfahren bei fröhlichen Trinkgelagen feierliche Anlässe feierten, bei Opferfesten, Verlobungen, Hochzeiten und Einladungen zu Ehren von Verstorbenen, wurden Segen und Freude auch mit den Sklaven geteilt. Übergriffe gegen sie auf diesen fröhlichen Festen wurden in den Gestzen mit der gleichen Geldbuße belegt wie Übergriffe gegen freigeborene Männer. Man wollte, dass auch der Sklave eine gewisse Erquickung von seiner Arbeit genießt, dass auch er seine Momente der Freude und des Glücks im Leben haben sollte, und die Momente des Glücks sollten für ihn ebenso friedlich sein wie für den freien Mann. Gute Bauern ließen ihren Sklaven nicht nur Möglichkeiten zum Erwerb, sondern ermöglichten ihnen auch, sich mit dem gesparten und erworbenen Geld aus der Sklaverei freizukaufen. Ein Gefühl für Menschlichkeit und eine für jene Zeiten unerwartete Erhabenheit des Denkens leuchten nicht selten aus den Handlungen unserer Vorväter hervor. Auf diese Weise wurde das Los vieler Sklaven gemildert, so dass, ob-wohl der skandinavische Bewohner des Nordens mit stolzer Verachtung auf diese Kreaturen herabblickte, entsprechend dem hohen Wert, den er der Freiheit beimaß, das Schicksal des Sklaven im Norden doch erträglicher war als in vielen anderen Ländern. Aus diesem Grund kommen sogar oft in den alten Sagen Sklaven mit Zügen edler Hingabe zu ihren Hausherren vor, und manch Sklave erlangte seine Freiheit als Geschenk für erwiesene Treue und Tüchtigkeit oder zu Tage gelegten Mut zurück.

Der Hausherr, oder derjenige, der mit dem guten Willen des Hausherrn den Sklaven auslöste, brachte ihn dann zu Gericht, machte öffentlich bekannt, dass für ihn alle Rechte als freier Mann galten, nahm ihn in seine Sippe auf, welches als "ihn in die Sippe einführen" bezeichnet wurde, und übernahm damit die Verantwortung für dessen Verhalten in der Gesellschaft. Danach konnte der Freigelassene für sich selbst entscheiden und sich selbst verantworten sowie den Eid leisten. Aber er stand immer noch unter der Aufsicht bzw. in einer gewissen Abhängigkeit von seinem früheren Herrn, und für den Fall, dass er sich ihm gegenüber undankbar oder respektlos verhielt, wurde er zur Strafe dafür wieder zum Sklaven. Auch der Sohn des Freigelassenen musste, wenn er sich in gleicher Weise gegen den früheren Herrn seines Vaters oder dessen Sohn verging, das von seinem Vater gezahlte Lösegeld als Versöhnung noch einmal bezahlen. Man glaubte nicht, dass derjenige ein guter Mitbürger sein könnte, der nicht wusste, wie man sich frei und mit Anstand in den häuslichen Verhältnissen verhielt. Die Freigelassenen bildeten eine untergeordnete Klasse von freien Männern. Der Übergang von der Sklaverei zur Freiheit sollte nach Meinung der Alten allmählich erfolgen, weshalb auch die Kinder des Freigelassenen besser angesehen und respektiert wurden als der Vater. Als das Christentum immer mehr angenommen wurde, begann die Sklaverei schließlich zu verschwinden. Birger Jarl verbot den Gebrauch von Gebsklaven, Thorkel Knutsson schränkte die Sklaverei ein, und als Magnus Eriksson 1335 seine Herrscherrunde [„Eriksgata", d.h. Eriksstrasse oder Herrscherrunde wurde die Reise genannt, die die im Mittelalter neu gewählten schwedischen Könige durch die verschiedenen Landschaften durchführen mussten, um von den Lagmännern der Landschaften bestätigt zu werden. Anm. d. Hrsg.] ritt, wurde die Sklaverei gänzlich abgeschafft, so dass es streng verboten war, jemanden als Sklave oder Sklavin zu bezeichnen.

Berg, Per Gustaf: Art. Träldomen i norden, in: Svenskt Konversations – Lexikon, Vierter Teil, Stockholm 1851, S. 114-116.


**U**     „[...] Beispiele hiervon haben wir an dem Goden **Geir** und an Gizur dem Weißen (hviti), welche, da sie von achtzig Männern begleitet, den Gunnar von Hlidarende allein in seiner Wohnung angriffen, hätten, nachdem ein Theil ihrer Leute verwundet und ein Theil getötet worden war, von dem Angriffe abstehen müssen, wenn nicht der Gode Geir durch seine Klugheit entdeckt hätte, daß es jenem an Geschossen mangelte. [...]"

Wilhelmi, Karl: Island, Hvitramannaland, Grönland und Vinland oder der Norrmänner Leben auf Island und Grönland und deren Fahrten nach Amerika schon über 500 Jahre vor Columbus, Heidelberg 1842, S. 96-97.

**V**     **Rangá**, ein Fluß in Südwest-Island. Mehrfach erwähnt in der Njals Saga.

**Rangárvellir**, das Gebiet zwischen ýtri Rangá und Eytri Rangá.

**W**     "[...] Solchemnach ward das Land in Viertel getheilt, dergestalt daß drei Thinge in jedem Viertel wurden,  und sollten die Thingpflichtigen jeder in dem seinen ihre Sachen verfolgen; jedoch wurden in dem Norderviertel vier Thinge eingesetzt, weil man nicht anders sich miteinander stellen konnte, denn die, welche nördlich von Eyafiord wohnten, wollten nicht das Thing daselbst besuchen, und auch diejenigen nicht das von Skagafiord, welche im Westen davon wohnten. Inzwischen sollten sie aus diesem Viertel nicht mehr Richter und nicht mehrere zum Althingsgericht (lógretta) stellen, wie aus einem der anderen Viertel. Darauf ward das **Vierteilsthing** [bzw. Vierteilsgericht] eingesetzt. So sagte uns Ulfhedin, Gunnars Sohn, der Gesetzmann. […] "

Dahlmann, Dr. E. F.: Forschungen auf dem Gebiete der Geschichte, Altona 1822, S. 469.

Auf dem Althing wurden vier Viertelsgerichte (fjórungsdómar) abgehalten, eines für jedes Viertel des Landes. Die Anzahl der Richter in jedem Viertelsgericht betrug 9, die zu Beginn des Althings von den Goden des Viertels aus den Reihen ihrer beim Thing anwesenden Thingmänner ernannt wurden. Schließlich gab es eine oberste Instanz, das Fünftgericht (fimtardomr), bestehend aus 12 Männern aus jedem

Viertel, die von den Goden ernannt wurden, zusammen 48, von denen jedoch nur 36 an der Entscheidung mitwirken sollten, so dass jede der Parteien 6 Richter herausnehmen sollte. Im Allgemeinen konnte man wählen, ob man statt vor dem Gericht des Bezirks, dem der Beklagte angehörte, vor dem Viertelsgericht klagen wollte. Wurde der Fall vor das Bezirksgericht gebracht und dort einstimmig entschieden, war damit der Fall endgültig erledigt. Wurde das Urteil jedoch nicht einstimmig gefällt, muss die Sache stattdessen dem Viertelsgericht vorgelegt werden. Eine ähnliche Regelung galt für das Viertelsgericht, wo die Rechtssache, wenn keine Einstimmigkeit erzielt wurde, an das Fünftgericht verwiesen werden musste, wo die Rechtssache dann mit Stimmenmehrheit entschieden wurde. Es konnte also vorkommen, dass ein Fall alle drei Instanzen durchlief. Außer in dem erwähnten Fall sollten weder das Viertels- noch das Fünftgericht als Berufungsinstanz gelten, und ein Gegengewicht zur Berufung wegen Uneinigkeit wurde dadurch angestrebt, dass die Richter der Bezirksgerichte und des Viertelsgerichts im Falle einer Uneinigkeit einen Eid auf Uneinigkeit (vefangseiðr) leisten mussten; diejenigen, die der gleichen Meinung waren, setzten sich zusammen, und beide Parteien erklärten, welches Urteil sie fällen würden, und die Gründe dafür, und forderten sich gegenseitig auf, sich der von ihnen vertretenen Meinung anzuschließen. Beide Parteien gaben dann ihre jeweiligen Urteile in der Sache ab. Der Fall musste dann vor das höhere Gericht gebracht werden, wenn sowohl der Kläger als auch der Beklagte den Richtern des jeweils anderen vorwarfen, unrechtmäßig geurteilt und sie zu einer Geldbuße verurteilt zu haben. Es gab keine Rechtsmittel beim Fünftgericht und keine Verbindung zwischen diesem und der Gesetzesgebenden Versammlung; namentlich ist nirgends die Rede davon, dass eine Rechtssache vom Fünftgericht - oder von den anderen Gerichten - an die Gesetzesgebende Versammlung weitergeleitet wurde; im Übrigen hatte das Fünftgericht seinen Sitz am selben Ort wie die Gesetzesgebende Versammlung, d. h. auf deren Bänken.

Finsen, Vilhjálmur Ludvig: Om de islandske Love i Fristatstiden, Kjøbenhavn 1873, S. 53.

**X    Sturla   Thordsson**,   Neffe   von   Snorre Sturleson, war zu seiner Zeit sowohl in Island als auch in Norwegen sehr bekannt. Er ist Autor der Sturlunga-Saga, zumindest in weiten Teilen, welche die Geschichte seiner eigenen Sippe und Islands im zwölften und bis in die Mitte des dreizehnten Jahrhunderts enthält. Er hat sogar ein Lied zu Ehren von Birger Jarl gedichtet.

Berg, Per Gustaf: Art. Strula Thordsson, in: Svenskt Konversations – Lexikon,    Dritter    Teil,    Stockholm    1848,    S.    764.

**Y    Sturleson, Snorre**,   des   alten   Nordens weitbekannter historischer Verfasser, wurde 1179 in eine Sippe geboren, welche ihre Urspünge sowohl som aus der Ynglinga-Sippe als auch von den Lodbrok'schen herleitete, und wurde von Jon Loptson aufgezogen, welcher Enkel von Sämund hin Frode war und von König Magnus Barfot von Norwegen.
Snorre Sturleson wurde der weiseste, reichste und der

mächtigste Isländer seiner Zeit, und nahm eine höchst leidliche, manchmal für ihn nicht ehrenhafte Rolle zwischen den vielen streitigen Fraktionen ein, die zu jener Zeit die mächtigeren Familien der Insel spalteten. Nicht selten kam er an der Spitze von fast tausend bewaffneten Männern zum Althing. Im Jahr 1218 besuchte er zum ersten Mal Norwegen und im Jahr darauf Schweden, wo er von dem Göta-Lagmann Eskil und seiner Frau Christina, die zuvor mit dem norwegischen Jarl Hakan Galin verheiratet war, zu dessen Ehren Snorre Sturleson ein Skalden-Gedicht geschrieben hatte, freundlich empfangen wurde. Nun schrieb er ein solches Gedicht auch für Christina und erhielt von ihr neben anderen Geschenken das Banner, das König Erik Knutsson im Krieg gegen Sverker den Jüngeren geführt hatte. Später schrieb sogar er ein Lobgedicht auf König Erik Läspe. In Norwegen wurde er König Håkans Droste [einer der höchsten Beamten des Reiches] und Länsmann [s. Glossarium GG "Läns-mann", Anm. d. Hrsg.]. Bei seinem zweiten Besuch in Norwegen im Jahr 1237 wurde er von Herzog Skule in den Rang eines Jarl erhoben, ist aber vor allem als Lagmann auf Island bekannt, ein Amt, das er mehrmals mit großer Anerkennung innehatte. Bald nach seiner Erhebung zum Jarl fiel er bei König Håkan in Ungnade, und dies gab, nach seiner Rückkehr nach Island, Anlass für den Ausbruch von Intrigen seiner Feinde. Gissor Thorvaldson, der früher sein Schwiegersohn gewesen war, jetzt von König Håkan zum Jarl ernannt, ließ ihn auf seinem Hof Reikholt überfallen und ermorden, in der Nacht des 22. September 1241. Ein solches Ende nahm der bekannte Snorre Sturleson in seinem 63. Jahr. Ein Freund, der Kenntnis von der heimlichen

Intrige gegen sein [Snorres] Leben bekommen hatte, soll ihm am Vortage ein Warnschreiben zugesandt haben, aber dieses soll, damit es nicht von irgendjemandem gelesen werden konnte, mit sogenannten Wende- bzw. Binderunen zusammengesetzt gewesen sein, und dass so komisch, dass selbst der weise Struleson es nicht entschlüsseln und sich dadurch nicht seinem drohenden Schicksal entziehen konnte. In den isländischen Annalen wird ihm die Abfassung bzw. Zusammenstellung der jüngeren Edda zugeschrieben, und es heißt über ihn, er sei ein weiser und gelehrter Mann, ein großer und kluger Häuptling gewesen. Die von ihm verfassten, herausragenden Nordischen Königssagen, zuweilen "Heims Kringla" benannt nach den ersten Worten der Vorrede, werden zu Recht unter die besten historischen Arbeiten aus allen Zeiten und in allen Sprachen gerechnet und stellen die Hauptquelle für das Wissen über des ganzen Nordens älteste Frühzeit dar.

Berg, Per Gustaf: Art. Sturleson, Snorre, in: Svenskt Konversations – Lexikon, Dritter Teil, Stockholm 1848, S. 764ff.

**Z**      "[...] daß er in seiner Jugend eine ausgezeichnet gute Erziehung genoß, indem er zufällig (infolge eines Streites, den Snorres Vater Sturla mit dem Priester Paul Solvsson zu Reikholt führte, welchen Streit John Loptson beilegte) von seinem dritten Jahr an von dem Häuptlinge **John Loptson**, wohnhaft auf dem Hofe Odda unter dem jetzigen Rangerwalle Syssel im Süderlande, erzogen wurde. Dieses Mannes Großvater von väterlicher Seite war der berühmte

Priester und Sammler der eddischen Gesänge Sämund Sigfusson, genannt hinn Fróði, der Gelehrte, und seine Mutter Thora war eine Tochter des norwegischen Königes Magnus Barfod. Dieser Häuptling wurde zu seiner Zeit als der gelehrteste, weiseste und zugleich reichste Mann auf Jsland betrachtet, und er führte eine Pracht, die seinem großen Vermögen entsprach. Er war in jeder Hinsicht ein seltener Mann; denn sein edeles Herz entsprach seinem großen Verstande und seiner Gelehrsamkeit. Sein Haus war eine wahre Schule der Wissenschaft. Hier brachte unser Snorre, der seinen Vater verlor, da er nur fünf Jahre alt war, seine Kindheit und Jugend zu, bis er volle neunzehn Jahre alt wurde, und benutzte, nach Schönings Ausdruck, ganz besonders die erwünschte Gelegenheit, die er hier hatte sich Kenntnisse zu sammeln, so wie auch die herrlichen Geistesgaben zu entwickeln, mit welchen die Natur ihn ausgerüstet hatte; auch machte er sich hier wohl bekannt, sowohl mit den ältesten heidnischen Skaldengedichten, die von Sämund Frode fleißig waren gesammelt worden, als auch mit den historischen Arbeiten dieses Verfassers, so wie mit denen Are Frodes und mehrerer. Diesem nach legte Snorre durch John Loptsons Unterweisung und herrliche Bücher- sammlung den ersten Grund zu dem Geschmack und der Gelehrsamkeit, die seinen Namen unsterblich gemacht haben.

Sturleson, Snorre (Übersetzung Mohnike, Gottlieb): Heimskringla - Sagen der Könige Norwegens, Stralsund 1837, S. 315-316.

**AA** "[...] Auf Anraten und mit Unterstützung seines Bruders Thord Sturleson heiratete Snorre in seinem 21. Lebensjahr Herdise, eine Tochter des reichen Priesters Berse, der auf **Borg** im Myre Syssel lebte. [...]"

Sturleson, Snorre (Übersetzung Aall, Jacob): Norske Kongers Sagaer, Christiania 1838, S. II.

**BB** **Jarl**. Dieses hohe Amt, das bedeutendste im Reich neben dem des Königs, für das es nach seiner Abschaffung in Schweden kein Äquivalent gab, ist recht alt, auch wenn sich nicht mit Sicherheit sagen lässt, wann es eingeführt wurde. In den frühesten Zeiten gab es mehrere Jarle gleichzeitig in verschiedenen Provinzen; erst später wurden die Ämter in einer Hand vereint, als sich der Amtsinhaber "Svears und Göthers Jarl" nannte. Der erste, der in der Ratsliste erwähnt wird, war Ottar, Jarl bei Erik Segersäll, und insgesamt werden 27 solcher erwähnt. Es ist gleichwohl wahrscheinlich, dass in bestimmten Provinzen mehrere das Amt innehatten, teils auch mit dem Titel ausgestattet waren, denn die nächsten Verwandten des Jarl wurden "jarlgeboren" genannt, und mehr als einer trug diese Bezeichnung, mit der jedoch keine Macht verbunden war. Birger Jarl zu Bjälbo ist eigentlich der letzte Jarl; aber sein Sohn Magnus und dessen Bruder Erik wurden zu Herzögen ernannt: mit dem Titel wurde die Jarlswürde als gleichwertig angesehen, während das Wort im Lateinischen mit Dux übersetzt wird, wodurch es einen Platz unter den Jarlen des Reiches bekam. Das Amt wurde in der Person von Bengt Algotsson durch Magnus Smek wiederbelebt; aber endete mit seinem Tod für immer.

Da die gesamte kriegerische und richterliche Macht bei diesem Beamten vereinigt war und er als Alter Ego des Königs angesehen werden konnte und ihm sogar bestimmte Provinzen als steuerschuldig unterstellt waren, konnte das Amt in der Hand einer arroganten oder weniger wohlmeinenden Person recht bösartig werden und wurde daher mit Recht abgeschafft, sobald das Staatswesen geordneter geworden war. Bei seiner Amtseinführung wurde es so gemacht, dass der gesamte Hofstaat durch Trompetenstösse einberufen wurde; und als der König seinen Thron bestieg, setzte sich der Jarl auf dessen Treppenstufen. Dann erhob sich der König, hielt eine kurze Ansprache an den Jarl, überreichte ihm ein Schwert als Zeichen seiner Würde, nahm ihn bei der Hand und führte ihn zu dem für ihn bestimmten Ehrenplatz.

Berg, Per Gustaf: Art. Jarl, in: Svenskt Konversations – Lexikon, Zweiter Teil, Stockholm 1847, S. 265-266.

**CC    Galin, Håkan**, Sohn des Lagmannes von Wermland [Värmland] Folkvider, ein angesehener und mächtiger Mann, war nahe dran im Jahr 1204 zum König von Norwegen gewählt wurde, als Nachfolger von Håkan; was jedoch durch die Tatsache verhindert wurde, dass er nicht als Norweger, sondern als Schwede geboren wurde. Stattdessen wurde Inge Bardson, sein Halbbruder und König Sverres Neffe, zum König gewählt, woraufhin die Regierung Håkan Galin anvertraut wurde, der deshalb als Reichsstatthalter, Graf oder Jarl von Norwegen tituliert wurde. Er heiratete im selben Jahr Christina, die Enkelin von Erik dem Heiligen.

Berg, Per Gustaf: Art. Galin, in: Svenskt Konversations – Lexikon, Erster Teil, Stockholm 1845, S. 606.

**DD** SKULE BÅRDSSON, norrön [alt(west)nordisch] Skúli Bárðarson, **Skule Jarl**, Herzog Skule, geboren 1189, gestorben 24. mai 1240.

Skule Bårdsson war ein norwegischer Jarl, später Herzog und Thronerbe. Er war der Sohn von Bård Guttormsson auf Rein und Halbbruder von König Inge Bårdsson. Skule war für seinen Schwiegersohn, König Håkon Håkonsson, Reichsverweser. Als Håkon an Macht gewann, wurde Skules Macht eingeschränkt, und er rebellierte schließlich offen gegen seinen Schwiegersohn. Skule ließ sich 1239 zum König von Norwegen ausrufen. Im folgenden Jahr wurde er von Håkons Männern getötet.

"Skule Bårdsson". Store norske leksikon, Per Norseng, 8. mai 2018, https://snl.no/Skule_Bårdsson. Accessed 13 June 2021.

**EE** **Håkon** IV. **Håkonsson**, Håkon der Alte, geboren nach dem Tod seines Vaters im Jahr 1204 in Folkenborg (Folkisberg) im heutigen Eidsberg, Østfold, gestorben am 15., 16. oder 17. Dezember 1263 in Kirkwall auf den Orkney Inseln, war König von Norwegen zwischen 1217 und 1263. Er war der Sohn von König Håkon III. Sverresson von Norwegen (1177–1204) und dessen Frau Inga von Varteig (um 1185–

1234). Håkon Håkonsson wurde auch König von Island und Grönland.

„Håkon Håkonsson". Wikipedia.se, 27 augusti 2020, https://sv.wikipedia.org/wiki/Håkon Håkonsson. Accessed 14 June 2021.

**FF    Gestilren** ist der Name einer Ebene, die sich zwischen Dala und Kongslena in Westergötland erstreckt. Dieser Ort ist in der schwedischen Geschichte durch die berühmte Schlacht bekannt geworden, die hier 1210 zwischen den schwedischen Königen Sverker dem Jüngeren und Erik Knutsson stattfand und in der Ersterer an der Spitze eines dänischen Heeres versuchte, sein Reich zurückzuerobern, das Erik in seinen Besitz gebracht hatte. Die Dänen wurden schwer geschlagen, und König Sverker selbst fiel, so wird erzählt, durch die Hand seines eigenen Schwiegersohns, des mächtigen Folkungers Sune. Viele Folkunger fielen in derselben Schlacht, ohne dass man mit Sicherheit sagen kann, ob sie für oder gegen König Sverker kämpften. Bei Gestilren erinnern noch mehrere alte Denkmäler an diese Schlacht, wie z.B. die Königsbrücke, wo König Sverker fiel, sowie der Königshügel, von dem aus der dänische König die Schlacht beobachtet haben soll. Zahlreiche Funde von Waffen aus dieser Zeit sind ebenfalls an diesem Ort gemacht worden.

Berg, Per Gustaf: Art. Gestilren, in: Svenskt Konversations – Lexikon, Erster Teil, Stockholm 1845, S. 629-630.

**GG  Länsman** war in früheren Zeiten eine Bezeichnung, die ein größeres Ansehen und mehr Macht mit sich brachte als in unseren Tagen. Wohl hatte Schweden kein Lehnswesen, wie die feudale Verfassung in Süd- und Westeuropa; aber das Recht des Königs, Lehen zu vergeben, war dennoch ein altes Recht des Regenten des schwedischen Volkes, und derjenige, der ein Lehen des Königs besaß, wurde Lehnsmann [länsman] des Königs oder auch Lehnsherr genannt.

Die Lehen waren nicht vererbbar, und der Besitz dieser Ländereien beinhaltete in Wirklichkeit das Recht, die Einkünfte der Krone aus bestimmten Gütern und Orten einzuziehen. Manchmal ist in alten Dokumenten auch von "læn opa räkenskap" ["Lehen auf Rechenschaft", Anm. d. Hrsg.] die Rede, d. h. von Lehen, in denen der Lehnsherr eine Art Landvogt war, der die Steuern der Krone eintrieb. Auch Lehen von eigenen Krongütern kamen vor. Oft war der Lehnsmann ein Hofbeamter von Königs Gnaden auf dem Lande, und das Lehen machte das Gehalt aus. [...]

Berg, Per Gustaf: Art. Länsman, in: Svenskt Konversations – Lexikon, Zweiter Teil, Stockholm 1847, S. 717.

**Carl Johan "Janne" Jakob Keyser**, geboren am 5. Juli 1821 in der Gemeinde Slaka, Östergötlands Län, gestorben am 7. April 1895 in Norrköping, war ein schwedischer Agrarwissenschaftler und Dozent. Keyser immatrikulierte 1841 an der Universität in Uppsala und schloss diese als Magister der Philosophie 1848 ab, worauf er als Dozent für Agrarchemie wiederum an die Universität Uppsala berufen wurde. In den Jahren 1853-54 ging er als Stipendiat auf eine wissenschaftliche Reise durch Deutschland und Frankreich und wurde später Lehrer an der Technischen Schule in Norrköping. In den Jahren 1877-88 war er Dozent an der o.g. Schule. Keyser veröffentlichte eine Reihe von wissenschaftlichen Arbeiten.

In Sichtweite der sagenumwobenen Eibeninsel, auf der Wieland eine Schmiede unterhalten haben soll, liegen familiäre Wurzeln des Übersetzers und Herausgebers **Albert George Viktorsson Trolle**. Diese schonische Herkunft im lange umkämpften Grenzgebiet zwischen Dänemark und Schweden hat dazu beigetragen, dass er sich seit frühester Kindheit für geschichtliche Themen begeistern kann.

Heute lebt er mit seiner Frau und drei Kindern in den südlichsten Ausläufern des historischen Iarnwith.